野村太一郎・杉山和也〈著〉

勉誠出版

野村太一郎の狂言入門

Nomura Taichiro no Kyōgen Nyūmon

はじめに……004

野村太一郎と狂言……009

狂言鑑賞事始め……015

野村太一郎のオススメ！　狂言十選……037

狂言「柿山伏」……048
解説……089

狂言「附子」……102
解説……167

野村太一郎に聞く……181

あとがき……212

はじめに

狂言《きょうげん》は、日本で最も古いお芝居の一つです。兄弟関係にあるお芝居である能と狂言とを合わせて「能楽《のうがく》」と言います。能楽は日本では国の重要無形文化財に指定され、さらにはユネスコの無形文化遺産にも登録されています。つまり、能と狂言は、日本ばかりでなく、世界的に見ても非常に価値のある魅力的な文化であると言うことができます。日本の伝統芸能というと、歌舞伎も有名ですが、能楽の方が歴史が古く、先輩ということになります。歌舞伎は、先輩である能楽から多くの影響を受けて成立しました。実際、歌舞伎には、能楽の演目を引き継いだものが多くあるのです。

狂言師の芸能は「舞を舞う」、「語る」、「謡《うた》う」、「話す」の四つで構成されています。言葉と身体的な動作による舞台芸能というわけです。私はこうした芸能を、幼少の頃から「真似《まね》る」ということを通して学んできました。「学《まな》ぶ」という言葉は「まねぶ」ということで、真似をすると

いう意味の言葉を起源としているわけですが、狂言は、まさしく真似ることを通して学ぶということを代々、繰り返すことで、室町時代から伝えられて来たわけです。そして、私の敬慕《けいぼ》する亡き父、八世・野村万蔵《まんぞう》（五世・野村万之丞《まんのじょう》）は、「文化とは形を変えて心を伝えるもの」という言葉を遺していますが、私たちは単に先人たちの技芸を見よう見真似で形だけを写し取っているということではないのです。そこに宿る〈心〉もまた受け継ぎ、そして、それを現代のみなさんに、あるいは次の世代の人たちに伝えてゆこうとしているのです。

このように、世界にも稀《まれ》な、長い長い歴史を誇る舞台芸能の伝承は、時代時代の狂言師たちが、次の世代へ次の世代へと伝えてきたからこそ、現代に至るまで続いているわけですが、同時に各時代の日本の人びとが、狂言に理解を示し、愉しみ、そして支えて来てくれたからこそ、脈々と続いてきたということでもあります。せっかく、このようにして現代にまで伝えられた芸能であるわけですから、現代を生きる多くの方々にもご覧いただき、その〈心〉に触れ、魅力を堪能していただきたいところですし、それをまた次の時代に伝えて行くためにも、より多くの方々に、狂言の愉しさや、その価値に気づいていただきたいと願っています。

あいにくながら、現代の日本では、まだ十分に多くの方が、狂言を舞台で鑑賞しているとは言えない状況にあります。しかしながら、私は、狂言に秘められている〈力〉に対して、強い確信を抱いています。その確信は、何より、海外での舞台人としての体験に裏付けられています。私は海外で積極的に活動を行なっていた亡父・万之丞に連れられて、幼少の頃から見知らぬ国々を数多く訪れて参りました。今でも、東西の各国で、狂言の舞台の公演や、ワークショップなどの活動を行なっています。そうした活動を通して、いつも実感し、感銘を受けるのは、文化も宗教も異なる、言葉の通じない方々にも、確かに狂言を介して〈心〉を伝え得ているということです。狂言には、国や人種、宗教、文化、そして時代、さらには言語さえ乗り越えて、人びとの〈心〉に直接訴える〈力〉が、確かに備わっているのです。

狂言は非常に古い時代の芸能ですから、確かに現代の人びとにとっては、いささか理解しづらい側面もあるのだろうとは思います。それは言葉もそうですし、舞台を見る上でのお約束ごともそうです。右に述べた現代の状況は、恐らく、こうしたところに一因があるのでしょう。それが何か、敷居の高いものに感じさせてしまう。この状況を打開するためには何よりも、その伝統を受け継いできた私どもが、世の多くの人々に向けて、より理解をしていただきやすい形で狂言を紹介し、発信する必要があるのだろうと考えています。私どもには、その使命がある。そのように考えています。そこで、狂言を鑑賞していただく上での入門書として、本書を刊行することに致しました。

本書では、狂言鑑賞の初心者にも愉しんでいただきやすく、教科書にも採用されている「柿山《かきやま》伏《ぶし》」と「附子《ぶす》」を特に取り上げます。現行の和泉流の舞台での詞章を載せた上で、現代語訳と注釈を付し、豆知識を交えつつ解説しています。また、本書末尾には、舞台の裏話などを語ったインタビュー記事を掲載しました。本書をご高覧いただいた上で、ぜひ実際に舞台をご覧いただき、世界に誇るべき日本の伝統文化である狂言の魅力を、より多くの方々に、最大限に味わっていただけましたなら幸いでございます。

二〇二一年十二月吉日

野村太一郎

INTRODUCTION

野村太一郎と狂言

野村太一郎は、和泉《いずみ》流の狂言師です。三百年の歴史と伝統を持つ、加賀《か が》藩前田《はんまえだ》家お抱えの狂言の名家、野村万蔵《まんぞう》家の直系長男として、一九九〇年に東京で生まれました。父は故・八世・野村万蔵（五世・野村万之丞《まんのじょう》）、祖父は人間国宝の初世・野村萬《まん》です。大叔父には、狂言師で人間国宝の二世・野村万作《まんさく》。さらに、シテ方で人間国宝であった故・野村幻雪《げんせつ》がいます。そして、二〇一七年からは、従叔父に当たる二世・野村萬斎《まんさい》に師事しています。

初舞台を踏んだのは、一九九三年、三歳の頃のことでした。狂言「靭猿《うつぼざる》」という演目です。その後、二〇〇四年に「面箱《めんばこ》」、二〇〇五年に「三番叟《さんばそう》」、二〇〇六年に「千歳《せんざい》」、二〇〇七年に狂言「奈須与市語《なすのよいちのかたり》」、二〇一三年に狂言「釣狐《つりぎつね》」、二〇二一年に「金岡《かなおか》」を披《ひら》きました。それぞれ、狂言師として一人前になる上での節目となる重要な演目で、特に「釣狐」はいわば、大学の卒業論文のようなものです。その後は、狂言師として独り立ちして、さまざまな舞台に上がって来ました。二〇一五年からは、能楽師シテ方観世《かんぜ》流の坂口貴信、林宗一郎、大蔵《おおくら》流の狂言師の茂山逸平とともに「ＭＵＧＥＮ∞能」を立ち上げ、京都・福岡・東京を中心に能楽の公演を主催することもしています。流儀の垣根を越えた若手の活動という点でも、希有であり、また意義深いもので、注目を集めています。

このように伝統的な狂言の舞台に携わる一方で、さまざまな新しい試みも行なっています。子役時代には、ＮＨＫ大河ドラマ「利家《としいえ》とまつ」に、前田利家の長男・又若丸役として出演しましたし、亡父・万之丞が演出した新作狂言「白雪姫《しらゆきひめ》」の鏡の精役などにも出演していました。また、亡父の十七

- 初世　野村萬斎（五世　野村万造）
  - 長男　六世　野村万蔵（六世　野村万造）［一八九八－一九七九］
    - 長男・**人間国宝**　初世　野村　萬（七世　野村万蔵）［一九三〇－］
      - 長男　八世　野村　万蔵（五世　野村万之丞）［一九五九－二〇〇四］
        - 長男　**野村太一郎**［一九九〇－］
    - 次男・**人間国宝**　二世　野村万作［一九三一－］
      - 長男　二世　野村萬斎［一九六六－］
        - 長男　野村裕基［一九九九－］
    - 四男・**人間国宝**［観世流シテ方能楽師］　野村幻雪［一九三六－二〇二一］
    - 五男　野村万之介［一九三九－二〇一〇］

（野村太一郎識）

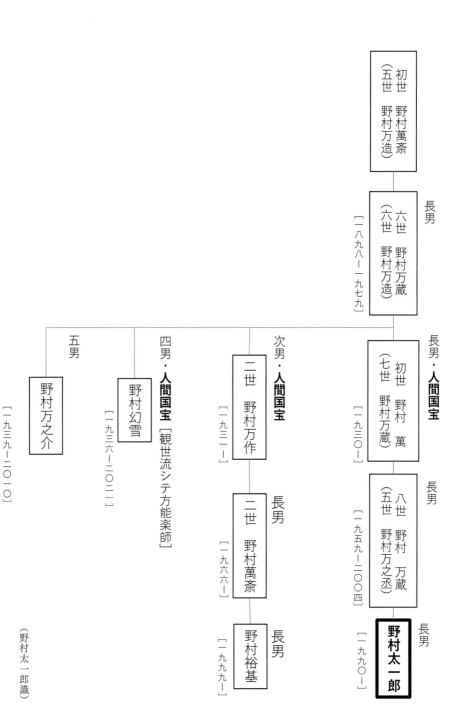

回忌に当たる二〇二〇年には、追悼の意を込めて、この作品を参考に、新たに創作した新作能「白雪姫」を、野村萬斎の監修のもとで上演し、その映像を配信しました。今後は、父の遺した「楽劇大田《がくげきだいでん》楽《がく》」や「楽劇真伎楽《がくげきしんぎがく》」などにも、より積極的に取り組んで行きたいと考えています。

舞台以外の主な活動としては、教育現場での普及活動が挙げられます。小中高校での狂言のワークショップや、大学での講義をしばしば行なっています。また、海外での活動も積極的に行なっています。二〇一二年には「能楽アルジェリア・フランス公演」に、祖父・野村萬とともに参画し、アルザス欧州日本学研究所（CEEJA）、パリ日本文化会館にて公演を開催した他、二〇一五年と二〇一九

ハイデルベルク大学でのワークショップ（杉山撮影）

年には、ルーマニアのシビウ演劇祭にも出演しました。さらに、二〇一九年には、招聘を受けて、欧州評議会（フランス）、ストラスブール大学（フランス）、ハイデルベルク大学（ドイツ）、そして、台湾の台北日本人学校、台湾交流協会文化ホール、東呉大学、淡江大学、台北芸術大学、致理科技大学、文化大学で狂言のワークショップを行ない、好評を博しました。

亡父・万之丞は「文化とは形を変えて心を伝えるもの」という言葉を遺しました。晩年は、その多忙さから会話を交わす機会がほとんどありませんでしたが、野村太一郎は今、改めて、この言葉を真摯に受け止めています。幼少の頃から身をもって受け継いできた、日本の伝統文化である狂言と、その〈心〉を、日本はもちろんのこと、世界、そして次世代へと伝えて行くことに、使命感と情熱をもって取り組んでいます。

FOR BEGINNERS
狂言鑑賞事始め

狂言鑑賞事始め

――能の舞台と、狂言の舞台って、何が違うの？

さて、ここからはいよいよ狂言の舞台の話を致しましょう。能も狂言も、謡《うたい》と舞《まい》のともなう台詞《せりふ》によるお芝居です。この二つのお芝居の違いについて簡単に言いますと、能の方は、小野小町《おののこまち》ですとか、弁慶《べんけい》ですとか、西行《さいぎょう》ですとか、日本の有名人が登場することの多いお芝居です。動きもゆったりとしていて、静かに鑑賞するような真面目な内容のものです。それ対して、狂言は、観客のみなさんにとって〈身近〉な、無名の一般の人が登場してくるお芝居です。そして、動きが多く、笑いの巻き起こる、愉しい喜劇となっています。

――狂言の〈身近さ〉とは？

狂言の〈身近さ〉というものは、演者が舞台に登場するときに、しばしば言われる「このあたりの者でござる」という台詞からも感じられることでしょう。さきほど「野村太一郎と狂言」のところでも申し上げたように、私は和泉流の狂言師です。そして、その和泉流では二五四種類の演目が演じら

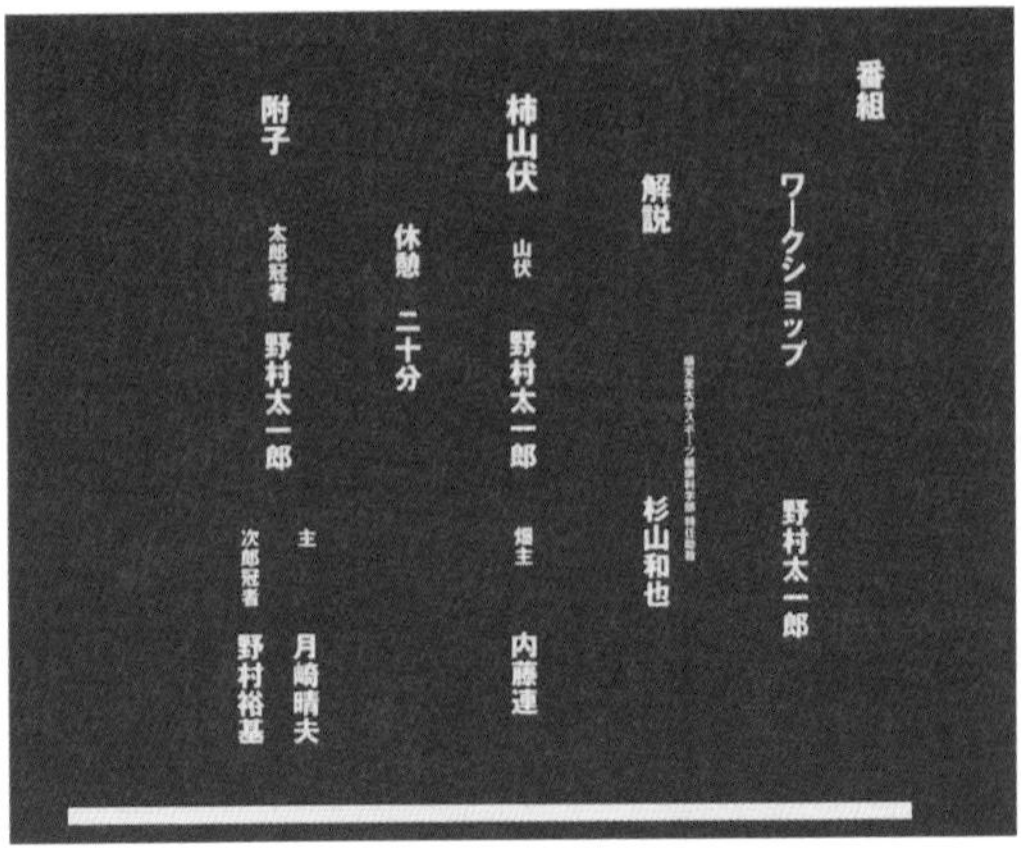

二〇二一年十二月に開催された公演「野村太一郎の狂言入門」の番組

れています。そのうち、大体、二〇〇演目くらいの冒頭が「このあたりの者でござる」で始まります。つまり、これは、演者である私が、観客のみなさんの地元（＝このあたり）にいるということになりますから、観客のみなさんに寄り添う台詞であると言えるでしょうし、観客のみなさんを「このあたり」に、つまり、舞台の世界に引き込む台詞であるとも言えましょう。いずれにせよ、このあたりの性質からも、狂言は観客のみなさんの身近に寄り添うお芝居ということが言えそうです。

――プログラムはどう見るの？

能楽のプログラムのことを「番組《ばんぐみ》」と言います。番組は縦書きで書かれます。書式には伝統的な決まりごとがありまして、演者の名前が書かれた位置によって、どの演者がどの役を務めるかが、わかるようになっています。もっとも、近年の番組は、そうした決まりごとをご存じない方にも、理解のしやすい書き方がされているので、ご安心下さい。演者の名前の上に、小さく「シテ」「アド」、あるいは、その日の役柄が書かれることもあります。

——シテとアドって、どんな役のこと？

能や狂言では、主役のことをシテと呼んでいます。これに対して、アドは、狂言で脇役のことを指す言葉です。ちなみに、アドが二人以上になる場合、和泉流では、メインとなるアドのことを「アド」、それ以外は一括して「小《こ》アド」と言います。

——後見《こうけん》って、どんな役のこと？

能や狂言の舞台で、後ろの方で控えて、演者の装束を直したり、小道具を手渡したりする役のことを言います。また、演者が台詞を忘れて絶句してしまったときに、手助けをするなど、不測の事態が起きたときに、滞りなく舞台を進行できるように計らうことも役目で、演者が舞台上で急病のために倒れてしまった場合にも、後見が代役を務めて、舞台を続行することになっています。舞台に熟練していないと務まらない役目であるだけに、主役と同格か、それ以上の芸歴や実力のある役者が当たります。

後見（飯田豪）

——能舞台って、どうなっているの？

①〔本舞台〕【ほんぶたい】

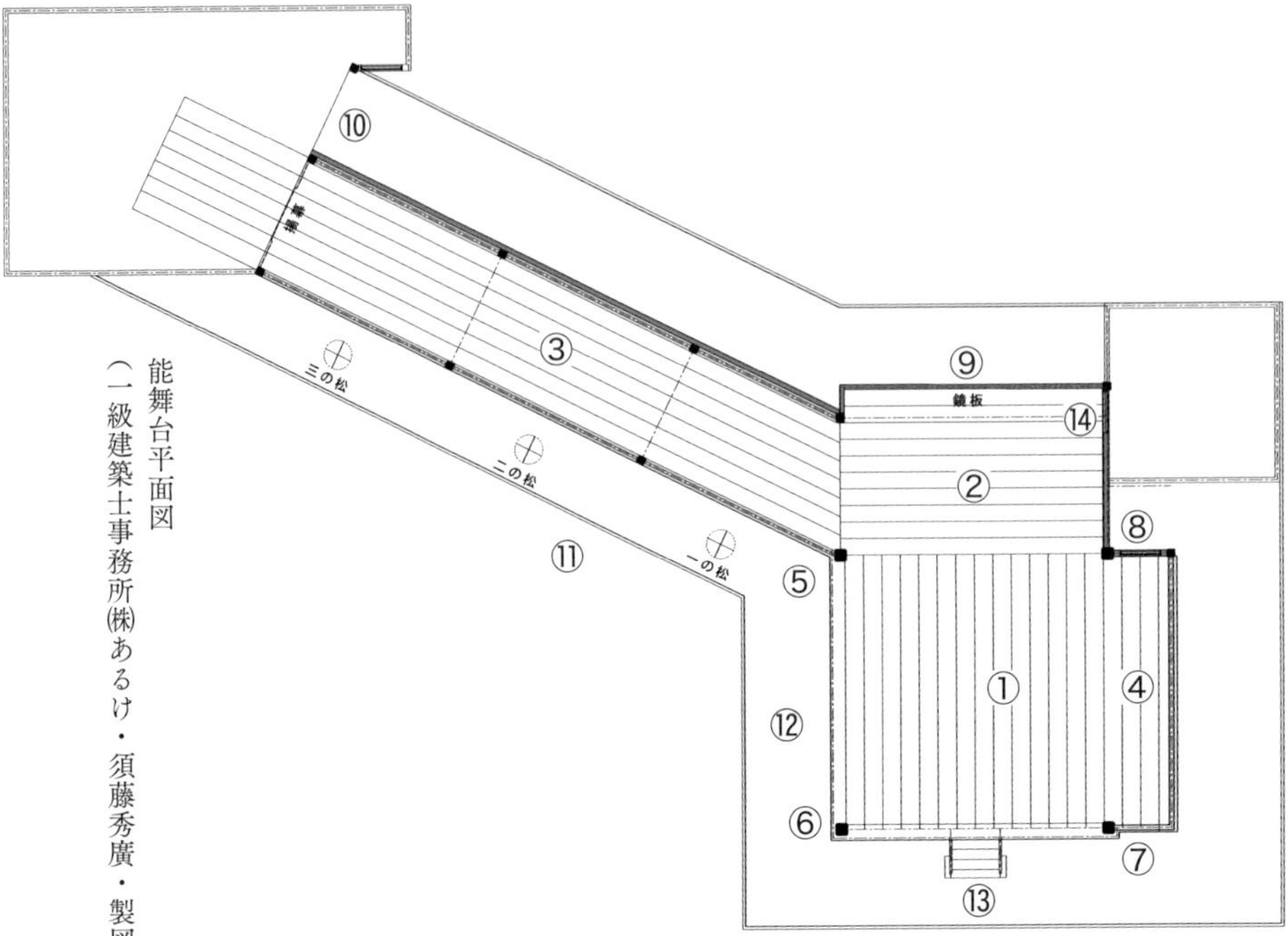

能舞台平面図
（一級建築士事務所㈱あるけ・須藤秀廣・製図）

演者が芸を披露する際に中心となる場所です。三間《けん》（五・五m）四方の正方形の舞台で、檜《ひのき》板が張られています。檜板の下には壷が設置されています。これにより音響効果が高めてあります。

②〔後座（横板）〕【あとざ（よこいた）】

本舞台の奥にある空間です。本舞台寄りを囃子《はやし》方座《かたざ》と呼び、向かって右から笛・小《こ》鼓《づつみ》・大鼓《おおづつみ》・太鼓《たいこ》を演奏する人が順に座ります。向かって左奥は後見《こうけん》が座る後見座です。

③〔橋掛り〕【はしがかり】

演者が出入りをする通路ですが、舞台の延長としての重要な演技空間でもあります。

④〔地謡座〕【じうたいざ】

オペラなどで言うところの合唱に当たる「地謡《じうたい》」の人たちが座る位置です。

能舞台（銀座・観世能楽堂、杉山撮影）

⑤〔シテ柱〕【してばしら】

シテがこの柱の近くに立っていることが多いので、このように呼ばれています。

⑥〔目付柱〕【めつけばしら】

能面を付けることで演者の視野は非常に狭くなりますが、そのような際にも演者の目標となる重要な柱です。

⑦〔ワキ柱〕【わきばしら】

ワキがこの柱のそばに座ることが多いので、このように呼ばれています。

⑧〔笛柱〕【ふえばしら】

笛方《ふえかた》がこの柱の近くに座るので、このように呼ばれています。

⑨〔鏡板〕【かがみいた】

老松が描かれています。奈良の春日《かすが》神社の影向《ようごう》の松をかたどったものと言われています。神が降臨するとされる松です。

⑩〔揚幕〕【あげまく】

このすぐ奥にシテが装束・面を付ける鏡の間があります。演者の出入りに際しては二人の後見が結ばれた竹竿を使って上げ下げします。幕を上げて舞台に上がる際には、演者が「おまく」という合図で指示を出します。合図をゆっくり言えば、ゆっくり幕が上げられますし、早く言えば、素早く幕が上がります。幕の上げ下げ自体が、一つの演出です。

⑪〔一の松・二の松・三の松〕【いちのまつ・にのまつ・さんのまつ】

橋掛りの本舞台側から一の松・二の松と呼び、順に小さくしてあります。本式の能舞台では三の松まであります。

⑫〔白洲〕【しらす】

能舞台が屋外にあった頃の名残で玉石《たまいし》が敷かれています。

⑬〔白洲梯子〕【しらすばしご】

かつて、舞台の開始を寺社奉行が命じる際などに使用した名残で設けられていますが、現在はほとんど用いられません。

⑭〔切戸〕【きりど】

地謡や後見、役の済んだ登場人物の退場に用いる小さなくぐり戸。

――どこの座席から見たらいいの？

能舞台は、正面ばかりでなく、横から、また斜めから見る座席がございますね。どちらからでもお好きなところでご覧いただければと思いますが、初めてご覧になる方は、正面がオススメです。他方で、いわゆる「通」の方には、橋掛りのよく見える横側からご覧になる方もいらっしゃいます。舞台鑑賞を重ねては、いろいろな角度の座席を実際に試してみて、ご自身なりの好みのポジションを探してみてください。

――舞台を見に行くときの服装は？　ドレスコードはあるの？

ドレスコードはございません。あまり堅苦しく考えずに、カジュアルな装いで気軽に会場にいらしてください。

――拍手はしていいの？

ぜひ、拍手をお願いします。出演者が全員、舞台から立ち去ったタイミングで、拍手をするのが、慣例ですね。

止動方角

――狂言で特に注目してもらいたい表現は？

狂言独特の表現として、鑑賞の際に注目していただきたいのは、喜怒哀楽《きどあいらく》の表現です。狂言は、感情表現が豊かなお芝居です。残念ながら文字と写真では、実際の声を届けることができないので、ぜひ、舞台でご覧になっていただきたいところですが、狂言の技法を用いて〈お決まり〉の表現をすることで、喜怒哀楽の感情を、観客のみなさんにご理解いただけるようになっています。こうした狂言の喜怒哀楽の〈お決まり〉の表現については、どれも基本的に大げさな表現となっています。大げさに表現することで、観客が遠目に見ても喜怒哀楽の感情表現がわかるようになっています。また、こうした表現によって観客のみなさんに「ここは日常とは違う空間ですから、笑っても良いのですよ、感動していただいても良いのですよ」という、前提を呑み込んでいただくことにもなります。

――狂言では〈喜〉や〈楽〉をどう表現するの？

狂言は愉しいお芝居ですので、喜怒哀楽の中でも、〈喜〉や〈楽〉に当たる「笑う」という表現はよく出てきます。ただ、これは日常の中で、普通に笑うのとは違って、かなり大げさな笑い方になっています。特にこうした喜怒哀楽の表現をするときに、演者自身が愉しいですとか、腹立たしいですとか、そうした感情移入をしているわけではありません。けれども、こうした狂言の技法に沿って、声を出し、表情を作ることで、愉しそうに笑っているように見えるようになっています。

――狂言では〈哀〉をどう表現するの？

狂言は愉しいお芝居ですので、喜怒哀楽のうち〈哀〉に当たる「泣く」という表現については、嘘泣きであることが多いのですが、これもまた非常に大げさな表現となります。手を目の近くに添える所作は、こぼれる涙を受け止めているという意味合いの動きになります。能の場合には「しをり」という表現で、本当に悲しむ感情を表わす所作となるわけですが、狂言の場合には、両手で押さえ、声を上げて、かなり大げさに泣くということになります。このあたりにも、能と狂言の表現の違いが現われていますね。

――狂言では〈怒〉をどう表現するの？

喜怒哀楽のうち〈怒〉という表現につきましては、少し申し上げづらいのですけれども、狂言で怒るのは、多くの場合、女性の役柄です。そして、登場する女性は、大体、結婚をしていて、その夫よりも恐い、気の強い性格の持ち主です。そして、そうした女性のことを「わわしい女」という表現で言い表します。「やかましい女」という意味です。地団駄《じだんだ》を踏むという所作とともに「腹立ちや、腹立ちや」という台詞を言います。もどかしかったり、我慢できなかったり、こらえ切れないという表現を身体の動きで表わしつつ「怒っていますよ」ということを、あえて言葉にして心情を表わします。

——狂言では女装をするって、ホント？

能や狂言では、基本的に男性が女性の役柄もこなします。近年は、女性も能楽の舞台に上がりますが、伝統的には舞台に上がるのは、男性でありましたので、私も女装をいたします。

——面《おもて》をかぶっていても、感情表現ってできるの？

舞台で面を付けることは能や狂言の特徴で、歌舞伎には見られないものです。より格式が高い芸能と言うことができます。特に能の方では基本的に面を着用します。能では実際には付けていなくても「直面《ひためん》」と言って、面を付けている意識で演じることになっています。面を付けていると、表情が固

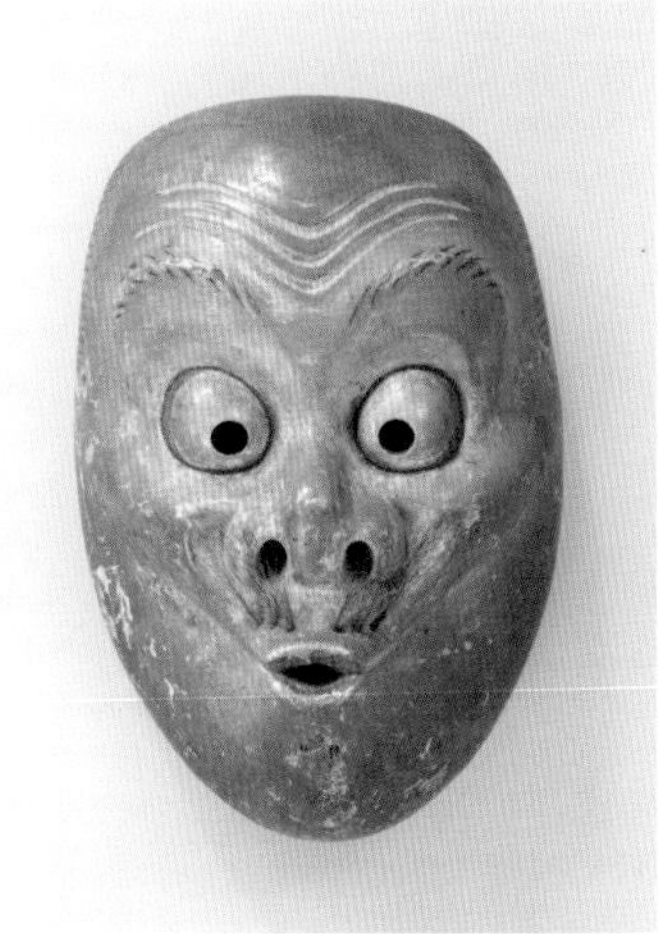

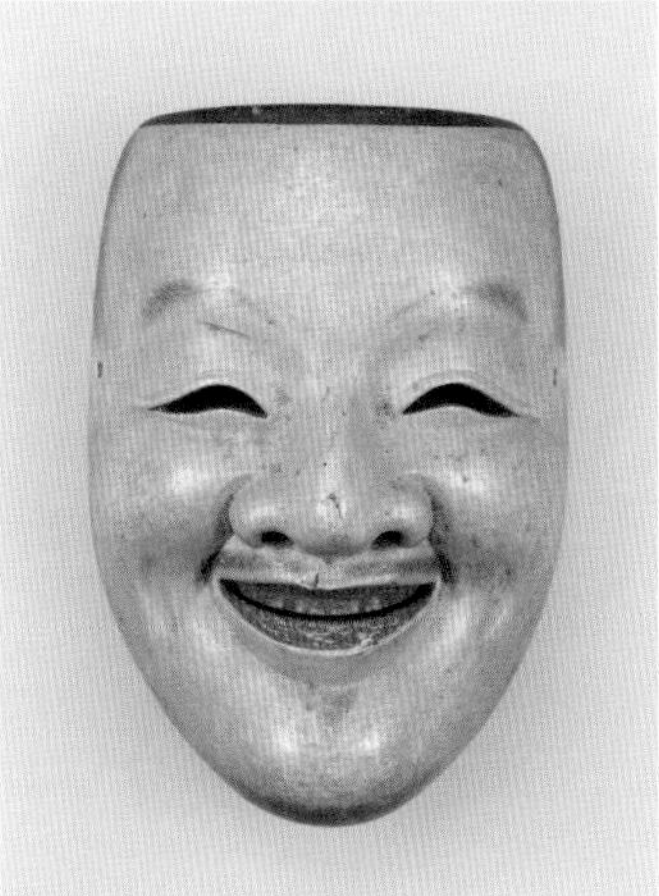

狂言面　うそぶき
狂言面　恵美須
colbase.nich.go.jp

定されていると思われるかも知れませんが、上向きにしたり、下向きにしたり、角度を変えることで、喜怒哀楽の表情を表現します。角度によって、見えてくる表情が変わってきますので、これもまた舞台鑑賞の上での醍醐味となっています。

――舞台を見るのに、想像力が求められるって、ホント?

このように狂言は、表現がわかりやすく、動作の大きい芸能であるわけですが、狂言をさらに〈身近〉に感じていただく上で、一つ大切なことがあります。それが、観客のみなさんに「想像していただく」ということです。能や狂言の舞台では、あまり舞台装置というものがありませんから、観客のみなさんに「想像をしていただく」ということをしていただかないと、成り立たない芸能ということになっているのです。つまり、狂言師の演技だけではなく、観客のみなさんの想像力があって初めて一つの舞台が成立するということで、ある意味、能や狂言の舞台は、観客のみなさんと一緒に創造する舞台であると言えるのかも知れません。想像を通して、舞台装置を補いつつご覧いただくことで、余計なものを一切置かないシンプルな檜《ひのき》舞台での舞台芸術が成り立つのです。想像していただくことで、何もない空間から生み出される狂言の洗練された笑いを、この本を手に取ってくださったみなさんにも、より〈身近〉に感じていただくことができることでしょう。

——「道行《みちゆき》」って、どんな表現なの？

想像する必要がある表現の具体例として「道行」と呼ばれる所作が挙げられます。これは「柿山伏」で山伏が登場する場面でも出てくるのですが、舞台を一周、丸く回って「さて、〇〇に着いた」と言うことによって、どこか別の場所に移動をするということを表わします。この場面を想像を伴わせずにご覧いただいた場合、単に狂言師がぐるりと舞台を一周したということに過ぎないことになってしまいます。けれども、この本を手に取って下さっているみなさんには、こうした場面で、ぜひ、その狂言師が、長い長い道のりを歩いて旅している様子を、想像で補って鑑賞していただきたいのです。

——「柿山伏」や「附子」では、どんな場面で想像力が求められるの？

例えば「柿山伏」では、山伏が柿の木に上るという場面があるのですが、舞台装置として能舞台に大きな柿の木を持ってくるわけにもいきませんので、代わりに葛桶《かづらおけ》という黒漆塗の円筒形の桶の上に上がります。実際には、葛桶の上に山伏の衣装を着けた狂言師が上っていたのだとしても、観客のみなさんには、これを想像で補っていただいて、山伏が柿の木に上っているものと見ていただきたいのです。

扇もまた、しばしば色んなものに見立てて用います。お酒を注ぐ器にもなりますし、盃《さかずき》にもなります。「附子」では、扇を砂糖を食べるときの箸か、棒などの食器のように用います。これらの表現についても、観客のみなさんの想像力で、実際にはない、砂糖やお酒の存在を補っていただく必要があ

葛桶に上ることで柿の木に登ったことを表現

ります。また、「柿山伏」では、山伏が柿を採ったり、食べたりする場面が出てきますが、これも特に舞台に柿を用意するわけではなく、身振りだけで柿があることを表わします。ある種、パントマイムのような表現を行うわけです。「附子」でも、台天目《だいてんもく》という高価な品を壊す場面が出てきますが、これも身振りで表現します。このとき、狂言師は自分の口で「ぐわらり」、「ちん」と、セルフサービスで効果音を出します。実際には、狂言師が台詞を言っているに過ぎないわけではありますが、これについても、物が割れた音や壊れた音がしたのだな、と捉えていただければ幸いです。

――能と狂言って、どんな関係なの？

ここからは、狂言の歴史を、もう少し紐解いてみましょう。「はじめに」でも申し上げましたように、能と狂言は、現代では「能楽《のうがく》」と呼ばれています。けれども、実はこの呼び方は、明治時代に作られたものなのです。それ以前には「猿楽《さるがく》」と呼ばれていました。漢字では「猿楽」の他、「申楽」、または「散楽」とも表記します。このことが、狂言の起源を考える上で、大変参考になります。「猿楽」は、もともとは「散楽《さんがく》」と呼ばれていたのでした。散楽という芸能は、奈良時代に、大陸から日

閉じた扇を箸などの食器のように用いる

本に渡ってきたものとされています。曲芸や奇術、そして滑稽技などが含まれ、公的な雅楽《ががく》に対して、俗な芸能として扱われたようです。雅楽の末尾で付属的に演じられたようですが、これが、やがて広く民衆の間に広まり、日本に古くからあったさまざまな芸能とも、溶け合いつつ展開し、平安時代中頃には「猿楽《さるがく》」とも呼ばれるようになっていきました。そして、能も狂言も、また、この猿楽と呼ばれる芸能の流れの中で成立したものであるわけです。

――狂言って、いつからあるの?

能の大成者である世阿弥《ぜあみ》〔貞治《じょうじ》二／正平《しょうへい》十八年（一三六三）?〜?〕が、永享《えいきょう》二年（一四三〇）に著わした『習道書《しゅどうしょ》』という本の記述からは、十五世紀前半には既に狂言専門の役者が存在し、狂言が能と一緒に上演されていたことがうかがわれます。狂言専門の役者はこの頃、「咲《をかし》」とか、〈ふざけた言葉〉という意味の「狂言」という呼び方で呼ばれていたようです。現代では狂言師のことを、少し難しい表現で「能楽師狂言方」と言いますが、これは能楽師の中でも、狂言を専門とする役者ということです。

――狂言師は、どんな舞台に出演するの?

狂言師は、ご存じの通り、いわゆる狂言に出演します。対話中心の台詞による愉しい内容の喜劇のことです。これを「本狂言《ほんきょうげん》」とも言いますが、独立したお芝居として、能の舞台の前に上演されます。また、狂言師は、能にも出演します。能の中で狂言師が演じるべきとされている役があるのです。これを「間狂言《あいきょうげん》」あるいは略して「アイ」と言います。アイの役割としては、能の前半と後半の間に、語りを担当する場合が多いです。加えて、能の演目の中でも成立が最も古いとされ、しかも能楽師の間で神聖視されている特別な能「翁《おきな》」では、後半の「三番叟《さんばそう》」と呼ばれる儀式的要素の強い舞が、狂言師によって演じられるべきものとされています。このように現代でも、能楽師の中で狂言師が担っている役割というものがあるのですが、どうやらこれに通ずるような役割分担は、世阿弥の時代からあったようなのです。

――現在、上演されている演目って、いつからあるの？

現代に伝えられ、そして、今なお上演されている狂言の演目の多くは、室町時代に成立しています。狂言の作者については、ほとんど不明ですが、多くの作品は狂言役者自身が作ったのだと思われます。崇光《すこう》天皇の孫に当たる後崇光院貞成親王《ごすこういんさだふさしんのう》の日記、『看聞日記《かんもんにっき》』の応永《おうえい》三十一年（一四二四）三月十一日条には、狂言師が、披露した舞台をめぐって、場をわきまえていない内容だ、ということで叱られたという例が紹介されていますが、当時の狂言は、即興的で、ある種の風刺的な内容を含む場合もあったようで、そのために人を怒らせることもあったことがうかがわれます。そして、そうした即興性故か、能とは違って、狂言については台本があまり現代に残されていません。最も古い時期のものとしては、「天正《てんしょう》六年七月吉日」。つまり、西暦で一五七八年の年記のある法政大学能楽研究所蔵「天正狂言本」があります。この年記は、そのまま信用するわけにはいきませんが、それでも、かなり古い内容を伝えた資料であると考えられ、貴重です。それぞれ、簡単なあらすじが記されるものですが、歌謡や語りの部分は詳しく書かれているので、狂言を演じる上での控え本であったと見られます。内容が簡単にしか書かれていないのは、これもやはり当時の狂言が、即興的、つまりアドリブの多い舞台であったためでしょう。また他に、古い時代の台本としては、江戸時代初期に記されたと見られる、鴻山《こうざん》文庫蔵「祝本《いわいぼん》狂言集」も知られています。

——狂言には、どんな流儀があるの？

江戸時代の初期以降には、狂言は能とともに武家の式楽《しきがく》（儀式に用いる音楽や舞踊）と位置づけられ、幕府や諸藩の庇護《ひご》を受けることになりました。この時期には、大蔵《おおくら》流・和泉《いずみ》流・鷺《さぎ》流といった流儀が並び立ちました。このうち、大蔵流と和泉流は、今も続いていて、私は、和泉流の狂言師として舞台に立っています。他方の、鷺流は近代に滅びてしまいましたが、現在、山口市や佐渡市でも、一般の方が、その芸を伝えています。流儀によって、伝えられている所作や台詞、演目が少しずつ異なります。

——古い時代の台本って、どのようなものが残っているの？

江戸時代に入ると、それぞれの流儀の台本も作られるようになりました。古いものとして、大蔵流では、寛永《かんえい》十九年（一六四二）に大蔵虎明《とらあきら》が記した「虎明本」や、正保《しょうほう》三年（一六四六）に大蔵虎清《とらきよ》の記した「虎清本」があります。そして、和泉流では、正保頃（一六四四〜一六四七）成立の天理図書館蔵『狂言六義《きょうげんりくぎ》』や、承応《じょうおう》二年〜元禄《げんろく》六年（一六五三〜一六九三）に成立の和泉流古本『六議《りくぎ》』がありま

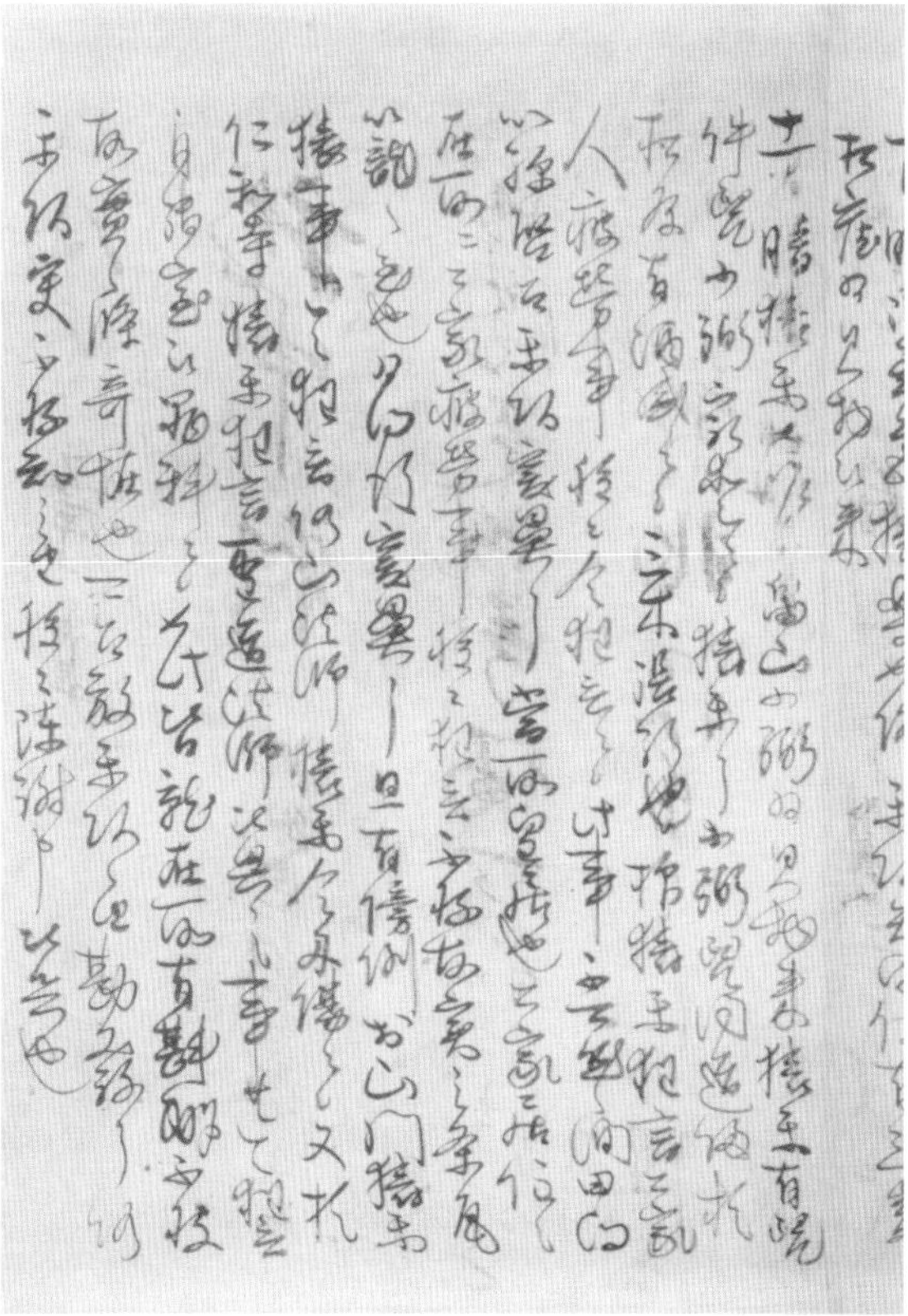

『看聞日記』応永三十一年三月十一日条
（国会図書館デジタルコレクション）

す。さらに、鷺流については、延宝《えんぽう》六年（一六七八）に成立の「延宝忠政《ただまさ》本」が知られています。

――狂言で用いられている言葉の価値って？

狂言で用いられている言葉は、どの流儀も室町時代の京都の言葉を基盤としています。後の時代の言葉が混入していることもありますが、現代に受け継がれた舞台での言葉は、その発音も含め、古い時代のものを伝えているので、日本語の歴史を考える上でも価値ある資料となっています。

RECOMMENDATION

野村太一郎のオススメ！狂言十選

野村太一郎が、オススメする狂言ベスト10を、挙げてみました。動作が多く、笑うポイントのわかりやすい狂言のことですから、何となく、あらすじを読んだ上で、劇場に足を運べば、細部まで台詞の意味がわからなくても、きっと愉しめるはず！「柿山伏」、「附子」以外の作品も、ぜひ、ご覧になってみてください。

◉一……清水［しみず］

太郎冠者が、主人から茶の湯に使う水を汲みに、野中《のなか》の清水へ行くように命じられます。けれども、水汲みに行きたくない太郎冠者《たろうかじゃ》は、鬼が出たと嘘を言って途中で帰って来ます。すると、主人は太郎冠者が落として来た手桶《ておけ》が惜しい、ということで、自ら清水に出向きます。そこで、太郎冠者は、自分のついた嘘を取り繕《つくろ》おうと、鬼の面をかぶって現われて、主人をおどかします。しかも、どさくさに紛れて、主人に言いたい放題、あれこれ身勝手な要求をします。主人は家に戻り、太郎冠者も何食わぬ顔で出迎えるのですが、主人にさきほどの鬼の声と太郎冠者の声がよく似ていることに気づかれて…。

◉二……金岡［かなおか］

絵師である金岡の妻が、夫を捜して歩く。すると、もの狂いの体の金岡が、京都の郊外をさまよっているのを発見する。心配した妻が理由を問うと、金岡は、御殿へ絵を描くために参内した折に、美しい女中に恋をしたためなのだと答えて涙を流す。妻は怒って、女というものは化粧によって美しくなるものなのだ。だから、お前の得意の絵筆で私の顔に彩色を施して見ろ、という。そこで金岡は、妻の顔に彩色を施すのだが、かえっておかしな顔になってしまって…。

◉三……昆布柿［こぶかき］

年貢を納めるために京都に上る淡路《あわじ》国（現在の兵庫県淡路島）の百姓と、丹波《たんば》国（現在の京都府中部と兵庫県東部にまたがる地域）の百姓が途中で道連れになる。二人は京都に着き、同じ上頭《うわとう》（在京の荘園の領主）の御館《みたち》で、淡路の百姓は淡路柿を、丹波の百姓は昆布と野老《ところ》を納める。取り次ぎをする奏者《そうしゃ》から、主人はちょうど歌会の折でもあり、年貢によそえて和歌を詠むように命じられる。二人は「今年より所領の日記かいきまして」「よろこぶままにところ繁昌」と、献上する年貢を詠み込んだ歌を詠んで、褒められて…。

「狂言絵」「イ十五　しどうほうがく（止動方角）」
国文学研究資料館蔵

◉四

止動方角［しどうほうがく］

茶を飲み比べて銘柄を当てたり、批評したりしては、それで賭けごともする「茶くらべ」という遊びをしに行く主人は、太郎冠者に命じて、伯父から茶と太刀と馬を借りて来させる。伯父は快く貸してくれるが、その馬には人が後ろで咳払いをすると暴れる癖があるという。そして、それを静めるための「寂蓮《じゃくれん》童子《どうじ》六万《ろくまん》菩薩《ぼさつ》、静まり給え、止動方角」という呪文を教えてもらう。太郎冠者の帰りを待ちかねた主人は途中まで出迎え、遅いと言ってさんざん叱りつけて馬に乗る。腹を立てた太郎冠者は馬の後ろで咳払いをして…。

◉五

千鳥［ちどり］

主人は太郎冠者を呼び出して、酒代の支払いが済んでいない酒屋へ行き、今度もまた何も支払わずに、酒を買ってこいと言いつける。酒屋に行くと、支払いをしなければ酒は渡さないと突っぱねられる。太郎冠者は、酒屋が話好きなのにつけこみ、尾張の津島祭（現在の愛知県津島市にある津島神社の祭礼）について話をし始める。まずは、祭の前に伊勢の浜辺で見た、千鳥を捕える人の様子について話をする。酒屋に「浜千鳥の友呼ぶ声は」と囃《はや》させて、自分は「チリチリヤ、チリチリ」と謡いつつ、酒樽を千鳥に見立て、これを捕らえ、持ち去ろうとするが…。

●六……蝸牛［かぎゅう］

出羽《でわ》の羽黒《はぐろ》山から出て来た山伏が、大和の葛城《かづらぎ》山で修行を積み、その帰り道に、竹やぶの中でひと眠りをする。そこへ、主人の命令で、長寿の薬になるという蝸牛、つまりカタツムリを求めにきた太郎冠者がやってくる。けれども、太郎冠者は、カタツムリがどんなものであるのかを知らなかった。黒い兜巾《ときん》をいただいた山伏のことをカタツムリではないかと思って声をかける。山伏は太郎冠者をからかってやろうと、ほら貝を見せたり、角を出す真似をしたりするので、太郎冠者はますます山伏のことをカタツムリだと信じ込んでしまい…。

●七……棒縛［ぼうしばり］

自分の留守中、召使いの太郎冠者と次郎冠者が、いつもこっそり酒を盗んで飲んでいることに気がつ

『狂言絵』「イ廿五 ぼうしばり（棒縛）」国文学研究資料館蔵

いた。主人はある日、一計を案じて太郎冠者の両腕を左右に広げたまま棒に縛り、次郎冠者は後ろ手に縛ってから外出することにする。残された二人は、それでもやはり、何としても酒が飲みたくなって…。

◉八 杭か人か［くいかひとか］

自分が外出すると、太郎冠者も決まってこっそりと出かけ、留守をしていないことを知ったので、主人はある日、出かけたふりをして、外から太郎冠者の様子をうかがうことにする。太郎冠者は主人の留守には外で気晴しをしたいが、主人が感づいているかもしれないので今日は外出できないと、謡を謡って過ごし、眠ろうとするが、寝付けない。退屈なので棒を持って、屋敷の外を夜回りすることにする。臆病者の太郎冠者は、暗がりに立つ人影（実は主人）に気がつく。何者だろうかとおびえ、「人か、杭か」と尋ねる。主人が「杭、杭」と答えたので、太郎冠者はすっかり安心するが…。

●九

舟渡聟［ふなわしむこ］

矢橋《やばせ》（現在の滋賀県草津市）の舅《しゅうと》のところへ聟入りをする聟が、途中、渡し舟に乗る。聟は引き出物として、酒樽と鯛を携えていた。船頭は無類の酒好きだったので、酒樽に目をつけて、無理矢理これを飲んでしまう。矢橋に着き、聟が空樽を携えて聟入りをするが、このとき舅は留守であった。やがて帰宅した舅は物陰から聟の顔を見て驚く。実は舅は、さきほどの船頭なのであった。そこで、舅は妻の勧めもあって大切にしていた髭を剃り、袖で顔を隠して聟と対面するが、聟は舅がさきほどの船頭だと気がついて…。

●十

瓢の神［ふくべのしん］

空也上人《くうやしょうにん》の流れを汲むとされる芸能で、瓢簞《ひょうたん》をたたいて踊り念仏を行なう鉢叩《はちたた》きという芸能を生業とする太郎が、貧しさから、商売を替えることを考える。氏神の松尾明神に参籠すると、夢に瓢の神が現われる。そして瓢の神は、これまで通り鉢叩きを続けるならば、次第に豊かになると告げ、瓢簞と衣を授ける。太郎は目を覚まして、この霊夢をありがたく思い、鉢叩きを続けることを決意する。そこへ仲間たちが、太郎の商売替えを留めに来る。太郎の見た夢の話を聞いて、仲間たちは感じ入り、御礼にと神前で瓢をたたきながら踊り念仏を踊る。

樋の酒

◉番外編

樋の酒［ひのさけ］

※亡父との想い出のある演目。「野村太一郎に聞く」を参照。

主人が外出する際、太郎冠者には米蔵を、次郎冠者には酒蔵を持ち場として指名し、離れず留守番をするように命じた。太郎冠者がふと窓から酒蔵をのぞくと、次郎冠者が盗み酒をしている。太郎冠者も呑みたいが、米蔵を離れるわけにはいかない。考えた末、次郎冠者が、竹の樋（屋根の雨水を受けて地上に流す装置。とい。雨樋《あまどい》。）を窓越しに渡して、酒蔵から米蔵へ酒を注ぐ。そして、太郎冠者は樋に口をつけて酒を飲む。酔った二人は、いちいち樋の酒をやるのは面倒だということで、太郎が米蔵を抜け出して酒蔵で合流する。酒宴が盛り上がっていたところ、主人が帰宅して…。

【凡例】

一、本書に収録した台本の本文は、野村太一郎と杉山和也の協働作業により作成した和泉流野村家の現行の詞章である。

一、本文の表記は歴史的仮名遣いとした。

一、本文に対して、舞台上での発音に基づき振り仮名を施した。

一、振り仮名は、基本的に平仮名を用いた。ただし、舞台において本文（歴史的仮名遣い）の字面と異なる発音をする箇所には、片仮名で振り仮名を施した。（例）：「行ひ」→「行《おこな》ひ《イ》」、「難行苦行」→「難《なん》行《ぎょオ》苦《く》行《ぎょオ》」、「参らう」→「参《まい》ら《ロ》う《オ》」

一、笑う、泣くなどの所作の部分は《笑う》、《泣く》で示した。

一、演者の裁量によって、舞台で言ったり言わなかったりする台詞については（　）か〔　〕で示した。（例）：「（ああ、）」

一、本文に対する注解、ならびに解説は杉山和也が執筆した。

一、本文に対するコメントは野村太一郎と杉山和也の協働作業により執筆した。

柿山伏

【かきやまぶし】

◎あらすじ

大峰《おおみね》・葛城《かづらき》で修行して帰国の途中の山伏が、空腹のために、柿の木に登り盗んで食べる。このことが柿畑の持ち主（柿主《かきぬし》）に見つかる。柿主は腹を立て、木陰に隠れた山伏をからかってやろうと犬、猿、鳶《とび》に見立てる。その度に山伏は鳴き真似をする。柿主が鳶は飛ぶものだと囃し立てると、山伏は高い木から飛び下りて腰を打つ。怒った山伏は法力《ほうりき》で柿主の身体をすくませ、腰の治療をするよう命ずる。ところが、畑主は、実は法力で身体がすくんだふりをしていただけであったので、刀を抜いて山伏を追いかける。

◉登場人物
シテ〈01〉山伏《やまぶし》
アド〈02〉柿主《かきぬし》
道具　葛桶《かづらおけ》〈03〉

山伏（シテ）「（貝《かイ》〈04〉をも持《も》たぬ山伏《やまぶし》が、貝《かイ》をも持《も》たぬ山伏《やまぶし》が、道々《みちみち》うそを吹《ふ》かう《コオ》〈05〉よ。）

これは《ワ》、出羽《でワ》の羽黒山《はぐろさん》〈06〉より出《い》でたる山伏《やまぶし》。この度《たび》、大峰《おオみね》・葛城《かづらき》〈07〉を致《いた》し、ただ今《いま》が下向道《げコオドオ》〈08〉でござる。まづ、そろりそろりと参《まイ》らう《ロオ》。

まことに山伏《やまぶし》といふ《ウ》者《もの》は、野《の》に伏《ふ》し山《やま》に伏《ふ》し、あるひ《イ》は《ワ》岩木《いワき》を枕《まくら》とし、難行苦行《なんギョオくギョオ》〈09〉、捨身《しゃしん》〈10〉の行《おこな》ひ《イ》をするによって、その奇特《きどく》〈11〉には《ワ》、今《いま》、目《め》の前《まエ》を飛《と》ぶ鳥《とり》も祈《いの》り落《おと》すほどの行力《ぎョオりき》〈12〉〈13〉ぢゃ。

いや、今朝《けさ》斎《どき》〈14〉のままなれば、いかう《コオ》〈15〉喉《のど》が渇《かわ》く。湯《ゆ》なりとも茶《ちゃ》なりとも飲《の》みたいものぢゃが、あたりに茶屋《ちゃや》もなし。何《なん》としたものであらうらう《ロオ》ぞ。いや、あれに見事《みごと》な柿《かき》ができてある。あれを食《く》ふ《ウ》た

山伏「ほら貝さえ持たない山伏が、ほら貝さえ持たない山伏が、道中、うそ（口笛）を吹こうよ。

私は出羽の羽黒山から出てきた山伏です。この度、大峰・葛城を参詣して、ただ今は、その帰り道でございます。何はともあれ、静かにゆっくりと参りましょう。

本当に山伏というのは、野に伏したり、山に伏したり、あるいは岩や木を枕として、難行苦行や捨て身の修行をします。そのことによって獲得した神秘的な力というのは、今、目の前を飛んでいる鳥さえも、祈祷《きとう》で落としてしまうほどの力です。

らば、喉《のど》の渇《かわ》きも止まう《ヤモオ》。
やいやい。そのあたりに柿主《かきぬし》〈16〉は《ワ》居《イ》ぬか。あの柿《かき》
が、一《ひと》つ所望《しょモオ》でおりゃる。〈17〉

いやぁ。今朝、食事をしたあと、何も飲み食いしていないままなので、とにかく喉が渇く。お湯で

〈01〉**シテ**　能および狂言の役種の名称で、主役のこと。

〈02〉**アド**　狂言の役種の名称で、脇役のこと。アドが二人以上になる場合、和泉流では主なアドである「アド」以外を一括して「小アド」という。

〈03〉**葛桶**　能、狂言に用いる道具で、「かつらおけ」とも言う。黒漆塗の円筒形の蓋付《ふたつき》桶。

〈04〉**貝**　山伏の持ち物である「ほら貝」のこと。「貝」に、仏教に帰依した者が守るべきおきてを意味する「戒《かい》」をかけた言葉遊びか（『狂言不審紙』）。なお、「貝をも持たぬ山伏が、道々うそを吹かうよ」は、登場の際の謡で、次第と言う。

〈05〉**うそ**　「口笛」のこと。ほら貝を持たない山伏だから道中うそ（口笛）を吹こう、ということで虚言を意味するほらとうそをかけた言葉遊びか（『狂言不審紙』）。

〈06〉**出羽の羽黒山**　山形県鶴岡市東方の山。鎌倉時代から修験《しゅげん》の霊場として有名。

〈07〉**大峰・葛城**　「大峰」は現在の奈良県吉野郡。「葛城」は現在の大阪府と奈良県の県境にある連峰。どちらも修験の霊場として有名。

〈08〉**下向道**　参詣からの帰り道。

〈09〉**難行苦行**　さまざまな苦難に耐えて行なう修行のこと。

〈10〉**捨身**　身命を捨てて仏などに供養すること。

〈11〉**奇特**　神仏などの不思議な力のこと。霊験。奇跡。

〈12〉**行力**　仏道を修行して得た力のこと。

〈13〉**ぢゃ**　「である」が語尾を落とした「であ」を経て変化したもの。〜だ。断定の意を表わす。室町時代末期頃から主として京都を中心とする地方で用いられた。ただし、関東では「だ」がよく用いられたようである。

〈14〉**今朝斎**　僧が正午以前にする食事のこと。

〈15〉**いかう**　一向。ひたすら。

〈16〉**柿主**　柿の木の持ち主。

この刀《かたな》で、
かち落《おと》してみやう《みヨオ》。
やっとな。
やっとな。

人音《ひとおと》もせぬ。何《なん》とせう《ショオ》ぞ。この刀《かたな》で、かち落《おと》して〈18〉み《み》やう《ヨオ》。

やっとな。〈19〉やっとな。

いかな、〈20〉いかな。届《とど》くことでは《ワ》ない。

今度《こんど》は礫《つぶて》〈21〉を《ぅ》打って〈22〉みやう《みョオ》。

えいえい。やっとな。

いかな、いかな。側《そば》へ《エ》も寄《よ》らぬ。何《なん》とせう《ショオ》ぞ。

いや、あれに足掛《あしがか》りがある。これを踏《ふま》へ《エ》て柿《かき》の木《き》へ《エ》登《のぼ》らう《ロオ》〈*〉。

＊現代の演出では、脇柱の近くに置いた葛桶に上ります。葛桶に上ることで、木に上ったということを表わします。寛永十九年（一六四二）に書かれた大蔵流の虎明本には「木にあがりて、かきを取てくふまねをする、木ハ大臣柱《だいじんばしら》也。あがるとそのまま」（木に上がって、柿を取って食べる真似をする。木は脇柱《わきばしら》である。木に上がったらそのまま）とあります。この記述について、脇柱によじ登った演出であったという解釈があります（新編日本古典文学全集・頭注など）。確かに「古狂言後素帖」（秋五／江島弘志氏蔵）という狂言を描いた絵には、山伏が柱によじ登っている様子が描か

も、お茶でも、何か飲みたいものだが、あたりには茶屋もない。どうしたら良いものだろうか。

おや。あそこに見事な柿ができている。あれを食べたら、喉の渇きも収まることだろう。

おい、おい。そのあたりに柿の持ち主はいませんか。あの柿が、一つ欲しいのですが。

人がいるような物音もしない。どうしようか。この刀で、たたき落してみよう。

よっこらしょ。よっこらしょ。

どうしても、全く、届かない。

今度は石を投げつけてみよう。

れていますので、どうやら当時は、現代の演出よりも、かなりアクロバッティックな舞台が展開されていたようです（田口和夫・編『写真と古図で見る　狂言七十番』勉誠出版、二〇一四年、三十九頁）。ただ、脇柱のあたりで柿の木に上る点については、現代にも引き継がれていると言って良いでしょう。

えいえい。えいえい。やっとな。
さらば一《ひと》つ食《く》は《オ》う《オ》。〈*〉

＊山伏が柿を食べ始めるタイミングで、柿主が登場します。

えいえい。よっこらしょ。どうしても、全然、側にさえ寄らない。どうしようか。おや、あそこに足掛りがある。これを踏んで柿の木へ登ろう。えいえい。えいえい。よっこらしょ。それでは、一つ食べよう。

《食べる》

〈17〉**おりゃる**　「お入りある」の変化した語で、本来は「行く」「来る」や「居る」の尊敬語であったが、丁寧語にも転じて広く用いられた。ここでは丁寧語で、（で）ございます、あります、です、という意味。室町時代末期から「お出である」の変化した「おじゃる」の勢力に押されるようになり、江戸時代の初めには衰退した。「おりゃる」も「おじゃる」も、「ござる」などと比較すると敬意は軽く、狂言では対等以下の相手に用いる親愛語的なものになっている。

〈18〉**かち落して**　たたき落して。「かつ」は、突く、たたくといった意味の動詞。

〈19〉**やっとな**　狂言でしばしば用いられる掛け声。

〈20〉**いかな**　「いかなる」の変化した語で、ここでは否定の意味の表現をともなって用いる副詞。どうしても。何としても。

〈21〉**礫**　投げつけるための小石。

〈22〉**打って**　投げて。ぶつけて。

《食べる》

さても、さても、〈23〉
美味《ンま》い柿《かき》ぢゃ。
このやう《ヨオ》な美味《ンま》い
柿《かき》は、
つひ《イ》に〈24〉食《く》ふ《ウ》たこと
がない。
も一《ひと》つ食《く》はう《オオ》。

《食べる》

食《く》へ《エ》ば食《く》ふ《ウ》ほど、
美味《ンま》い柿《かき》ぢゃ。
も一《ひと》つ食《く》はう《オオ》。

《柿主が登場》

柿主（アド）「このあたりの耕作人《コオさくにん》でござる。〈25〉今日《キョオ》も柿畑《かきばたけ》へ《エ》見回《みまワ》らう《ロオ》と存《ぞん》ずる。〈26〉誠《まこと》に百姓《ひゃくショオ》といふ《ウ》者《もの》は、年《とし》の始《はじ》めより年《とし》の暮《くれ》まで、忙《いそが》しう《シュウ》ないことは《ワ》ござらぬ。さりながら、当《トオ》年《ねん》は《ナ》日和《ひより》続《つづ》き〈27〉もよし。雨《あめ》もほどよう《オ》降《ふ》ったによって、柿《かき》がよう《オ》できて、このやう《ヨオ》な悦《よろこ》ばしいことは《ワ》ござらぬ。

それにしても何と美味い
柿だ。
このような美味い柿は、
かつて一度も食べたこと
がない。
もう一つ食べよう。

《食べる》

食べれば食べるほど、美
味い柿だ。
もう一つ食べよう。

《食べる》

（食べるのが止まらなく
て）口が柿から離せない。
もう一つ食べよう。

《柿を吐き出す》

《柿主が登場》

柿主「このあたりの農夫でございます。今日も柿畑を見回ろうと思います。本当に百姓というのは、年

《食べる》

口《くち》のはなさるることでは《ワ》ない。も一《ひと》つ食《く》は《オ》う《オ》。

何《なに》かと言《い》ふ《ウ》うちに柿畑《かきばたけ》〈28〉ぢゃ。はて、異《い》なことの、足跡《あしあと》がある。合点《がてん》の行《ゆ》かぬこと〈29〉ぢゃ。これはいかなこと〈30〉。山《やま》伏《ぶし》が柿《かき》を盗《ぬす》んで食《く》ひ《イ》を

の始めから年の暮れまで、忙しくないということがございません。けれども、今年は晴れの日の続き方も良い。雨もほどよく降ったので、柿がよくできた。このような喜ばしいことはございません。

〈23〉**さても、さても**　それにしてもまあ、さてさて。感動詞「さて」を強めた言い方。

〈24〉**つひに**　いまだかつて、まだ一度も、ついぞ。

〈25〉**ござる**　…(て) おります、…(で) ございます。身分の高い人の座席を意味する名詞「御座」に、ラ変動詞「あり」が付いて一語化した「御座あり」が、室町時代以降に終止形が「御座ある」の形に変化して、四段活用となり、さらにこれが縮約して「ござる」になった。成立当初の「御座あり」は、天皇などへの最高敬意を表わしたが、室町時代末期以降は、尊敬語よりも丁寧語の用法が中心となり、縮約形「ござる」が一般化する。なお、「ござある」「ござる」は、「おりゃる」「おじゃる」よりも敬意が高い。

〈26〉**存ずる**　考える、思うという意味の謙譲語。

〈27〉**日和続き**　良い天気が続くこと。晴れの日が続くこと。

〈28〉**異なこと**　おかしなこと。

〈29〉**合点の行かぬこと**　納得のいかないこと、よくわからないこと。

〈30〉**いかな**　「いかなる」の変化した連体詞で、ここでは、どのような、どんな、という意味。

食《くエ》へば食《くウ》ふほど、
美味《ンま》い柿《かき》ぢゃ。

山伏《やまぶし》が
柿《かき》を盗《ぬす》んで食《く》ひ《イ》をる。

る。さてさて、憎《にく》いことかな。やいやい、やい、そこな奴《やっ》。

《柿を吐き出す》

こりゃ、渋柿《しぶかき》ぢゃ。〈＊〉口直《くちなお》しに、この大《おオ》きいを食《く》は《オ》う《オ》。

＊甘い柿をならせる木と、渋柿をならせる木は、通常、種類が異なりますので、山伏が盗み食いした柿畑では、複数の種類の柿の木を育てていて、山伏はいくつかの別の木の枝から、柿を取って食べていたと解釈することができましょう。

そうこう言ううちに、柿畑に着いた。はて、変わったことに、足跡がある。わけのわからないことだ。これはどうしたことだ。山伏が柿を盗んで食っている。何とまあ、憎らしいことだな。やいやい、やい、そこにいる奴。

こりゃ、渋柿だ。口直しに、この大きいのを食おう。

山伏「しまった。見つかったようだ。ひとまず、この木の陰に隠れよう。

(シテ)山伏　「南無三宝《なむさんぼオ》〈31〉、見付《みつ》けたさう《ソオ》な〈32〉。まづ、この木《き》の陰《かげ》へ《エ》隠《かく》れう《リョオ》。

(アド)柿主　「《笑う》あの大《おオ》きな形《なり》をして、木《き》の陰《かげ》に隠《かく》れたといふ《ウ》て見《み》へ《エ》まいことは《ワ》、きゃつ〈33〉は《ワ》愚《おろ》かな山伏《やまぶし》さう《ソオ》な。ちと、なぶって〈34〉やらう《ロオ》。はあ。柿《かき》の木《き》の陰《かげ》へ《エ》隠《かく》れたを、人《ひと》かと思《おも》ふ《オ》たれば人《ひと》でない。

柿主　「《笑う》(木の陰にはとても隠れ切れないような)あんな大きな身体をしていながら、木の陰に隠れて、こちらからは見えないだろうと思っているというのだから、あいつは愚かな山伏であるようだ。ちょっと、からかってやろう。はあ。柿の木の陰に隠れた奴を、人かと思っていたのだが、あれは人でないな。

〈31〉**南無三宝**　しまった、なむさん。もともとは三宝(仏・法・僧)に帰依し奉るの意で、三宝に呼びかけて仏の救いを求める言葉だが、ここでは突然の出来事に驚いたり失敗したりしたときに発する言葉として用いられている。

〈32〉**さうな**　室町時代以降用いられた助動詞で、「…らしい」という意味。当初、終止形は「そうな」であったが、江戸時代中期頃から「そうだ」の形も使われるようになった。

〈33〉**きゃつ**　あいつ。離れたところにいる人をののしって指し示す語。

〈34〉**なぶって**　からかって。

まづ、
この木《き》の陰《かげ》へ《エ》隠《かく》れ《リョ》う《オ》。

きゃつは《ワ》愚《おろ》かな
山伏《やまぶし》さ《ソ》う《オ》な。

（シテ）山伏「やれやれ、嬉《うれ》しや。まづ、人《ひと》でないと言《い》ふ《ウ》。

（アド）柿主「あれは《ワ》犬《いぬ》ぢゃ〈*〉。

*現行の大蔵流の舞台では、鳥、猿、鳶の物真似をしています。詳しくは、解説をご参照ください。

（シテ）山伏「犬《いぬ》ぢゃと言《い》ふ《ウ》は《ワ》。

（アド）柿主「犬《いぬ》が何《なん》として、木《き》の空《そら》〈35〉へ《エ》登《のぼ》ったことぢゃ知《し》らぬ。犬《いぬ》ならば、人音《ひとおと》を聞《き》いて威《おど》しさ《ソ》う《オ》なものぢゃが。

（シテ）山伏「威《をど》さずばなるまい。

（アド）柿主「威《をど》さ《ソ》う《オ》ぞよ。

山伏「やれやれ、うれしいことだ。何はともあれ、人ではないと言っている。

柿主「あれは犬だ。

山伏「犬だと言っているぞ。

柿主「犬がどうして、木の上に登ったのだかわからない。犬なら、人のいる物音を聞いて、威嚇《いかく》してきそうなものだが。

山伏「威嚇せざるを得ないだろう。

柿主「威嚇するだろうな。

山伏（シテ）「びょう《オ》、〈36〉びょう《オ》、びょう《オ》びょう《オ》びょう《オ》びょう《オ》。

柿主（アド）「びょう《オ》、びょう《オ》、びょう《オ》。《笑う》さてさて、上手《じょオず》に真似《まね》をする。もそっとなぶら《ロ》う《オ》。はあ、犬《いぬ》かと思《おも》ふ《オ》たれば犬《いぬ》では《ワ》ない。

山伏（シテ）「犬《いぬ》でないと言《い》ふ《ウ》。

柿主（アド）「あれは《ワ》猿《さる》ぢゃ。

〈35〉 **木の空** 木の上。

〈36〉 **びょう** 室町時代以前、一般的に犬は「びょう」と鳴く動物と捉えられていた。言語学者・山口仲美の研究に拠れば、犬が「わん」と鳴き始める時期は江戸時代初期のこと。「わん」がその後、次第に勢力を増し、「びょう」は江戸時代中頃を過ぎると一般的ではなくなってきたという（『犬は「びよ」と鳴いていた』光文社新書、二〇〇二年）。

山伏 「びょう、びょう、びょうびょうびょうびょう。

柿主 「びょう、びょう、びょう。《笑う》それにしてもまあ、上手に真似をすることだ。もう少しからかってやろう。はあ、犬かと思っていたが、犬ではないな。

山伏 「犬でないと言っている。

柿主 「あれは猿だ。

びょう《オ》　びょう《オ》、
びょう《オ》びょう《オ》びょう《オ》びょう《オ》。

（シテ）山伏「猿《さる》ぢゃと言《いウ》ふは《ワ》。

（アド）柿主「山近《やまぢか》くぢゃによって、猿《さる》は《ワ》来《く》るはずぢゃ。

（シテ）山伏「猿《さる》には《ワ》見《み》えまいものを。

（アド）柿主「猿《さる》ならば、身《み》ぜせり〈37〉をして鳴《な》きさう《ソオ》なものぢゃが。

（シテ）山伏「これも鳴《な》かずばなるまい。

（アド）柿主「鳴《な》かう《コオ》ぞよ。

（シテ）山伏「きゃあ、きゃあ、きゃあ、きゃあ。

山伏「猿だと言っているぞ。

柿主「山に近いところだから、猿は来るはずだ。

山伏「猿には見えないだろうに。

柿主「猿ならば、身震いをして鳴きそうなものだが。

山伏「これも鳴かざるを得ないだろう。

柿主「鳴くだろうな。

山伏「きゃあ、きゃあ、きゃあ、きゃあ。

鳶《とび》ぢゃと言《いう》ふは。

柿主（アド）「きゃあ、きゃあ、きゃあ。《笑う》さてさて、面白《おもしろ》いことぢゃ。もそっと〈38〉なぶらう《ロオ》。はあ、今《いま》よう《ヨオ》見《み》れば猿《さる》でもない。

山伏（シテ）「また猿《さる》でないと言《い》ふ《ウ》。

柿主（アド）「あれは《ワ》鳶《とび》ぢゃ。

山伏（シテ）「鳶《とび》ぢゃと言《い》ふ《ウ》は。

柿主（アド）「鳶《とび》ならば、羽《は》を伸《の》して鳴《な》きさう《ソオ》なものぢゃが。

〈37〉 **身ぜせり** 身体を小きざみにゆり動かすこと。身震い。

〈38〉 **もそっと** もう少し、もうちょっと。

柿主「きゃあ、きゃあ、きゃあ。《笑う》それにしてもまあ、面白いことだ。もう少しからかってやろう。はあ、今またよく見れば猿でもないな。

山伏「また猿でないと言っている。

柿主「あれは鳶だ。

山伏「鳶だと言っているぞ。

柿主「鳶ならば、羽を伸ばして鳴きそうなものだが。

ひい、よろよろよろよろよろよろ。

（シテ）山伏「これも鳴《な》かずばなるまい。

（アド）柿主「鳴《な》か《コ》う《オ》ぞよ。

（シテ）山伏「ひい、よろよろよろよろよろ。

（アド）柿主「さればこそ鳴《な》いた。《笑う》さて、羽《は》を伸《の》して鳴《な》いてからは《ワ》、飛《と》ぶものぢゃが。飛《と》ば《ボ》う《オ》ぞよ。

（シテ）山伏「この高《かた》いところから、何《なん》と飛《と》ばるるものぢゃ。

（アド）柿主「おのれ飛《と》ばずば、鉄砲《てっポオ》を持《も》って来《こ》い〈39〉。打《う》ち殺《ころ》してのけ《キョ》う《オ》ぞ。

山伏「これも鳴かざるを得ないだろう。

柿主「鳴くだろうな。

山伏「ひい、よろよろよろよろよろ。

柿主「思った通り鳴いたぞ。《笑う》さて、羽を伸ばして鳴いてからは、飛ぶものだが。飛ぶだろうな。

山伏「この高いところから、どうして飛べるものか。

柿主「お前が飛ばないなら、鉄砲を持って来い、打ち殺してやるぞ。

山伏《（シテ）》「こりゃ、飛《と》ばずばなるまい。飛《と》ばるるか知《し》らぬ。

柿主《（アド）》「あれあれ、飛《と》ばう《ボオ》と思《おも》ふ《オ》て羽繕《はねづくろ》ひ《イ》をする。

山伏《（シテ）》「〈＊〉ああ、これは《ワ》気味《きみ》の悪《わる》いことぢゃ。飛《と》ばれう《リョオ》か知《し》らぬ。〈40〉

＊この部分は、山伏《（シテ）》が「いや、思《おも》ひ《イ》切《き》って飛《と》んで見《み》やう《ヨオ》」と言うまで、繰り返します。繰り返しの回数に決まりはなく、シテがその時々の塩梅で決められています。また、山伏《（シテ）》がこの場面で飛ぶタイミングも、演者の判断にゆだねられています。こうした、ある種のアドリブのことを私たちは「具合」、「あしらい」、もしくは「見計らい」という言葉で呼んでいます。狂言ではこうした「見計らい」の部分が多くあり、舞台の醍醐味の一つとなっています。

柿主《（アド）》「飛《と》ばう《ボオ》ぞよ。飛《と》びさう《ソオ》な。

山伏《（シテ）》「ああ、気味《きみ》の悪《わる》いことぢゃ。飛《と》ばれう《リョオ》か知《し》らぬ。

山伏「こりゃ、飛ばざるを得ないだろう。飛べるだろうか。

柿主「あれあれ、飛ぼうと思って羽繕をしている。

山伏「ああ、これは不安なことだ。飛べるだろうか。

柿主「飛ぶだろうな。飛びそうだな。

山伏「ああ、不安なことだ。飛べるだろうか。

（アド）柿主「飛《と》ば《ボ》う《オ》ぞよ。飛《と》びさ《ソ》う《オ》な。飛《と》ば《ボ》う《オ》ぞよ。飛《と》びさ《ソ》う《オ》な。

（シテ）山伏「いや、思《おも》ひ《イ》切《き》って飛《と》んで見《み》や《ヨ》う《オ》。えいえい、やっとな。あ痛《いた》、あ痛《いた》、あ痛《いた》。

（アド）柿主「そりゃ、飛《と》んだ。《笑う》

（シテ）山伏「やいやい、やいそこな奴《やつ》。

柿主「飛ぶだろうな。飛びそうだな。飛ぶだろうな。飛びそうだな。

山伏「いや、思い切って飛んでみよう。えいえい、よっこらしょ。ああ痛い、ああ痛い、ああ痛い。

柿主「そりゃ、飛んだ。《笑う》

山伏「やいやい、やい。そこにいる奴。

〈39〉**鉄砲を持って来い**　日本に鉄砲が伝来したのは天文十二年（一五四三）。正保（一六四五～一六四八）頃成立の和泉流の天理本『狂言六義』や、寛永十九年（一六四二）書写の大蔵流の「虎明本」に載る台詞には「鉄砲」は登場していない。江戸時代以降に加えられた表現と考えられる。宝暦十一年（一七六一）頃の鷺流の台本「宝暦名女川本」には「其《その》槍《やり》をもてこひ」ともある。

〈40〉**か知らぬ**　疑問の係助詞「か」に「知らぬ」が付いたもの。文末について、疑いや問いかけの意を表わす。現代語で用いる「かしら」の原形。

えいえい、
やっとな。

（アド）柿主「何《なん》ぢゃ。

（シテ）山伏「ささて、おのれは《ワ》憎《にく》い奴《やつ》ぢゃ。この尊《たっと》〈41〉い山伏《やまぶし》を、最前《さいぜん》〈42〉から鳥類畜類《チョオるいちくるい》に譬《たと》へ《エ》をる。あまっさへ《エ》、〈43〉鳶《とび》ぢゃとぬかしをる。〈44〉総《そオ》じて〈45〉『山伏《やまぶし》の功《こオ》を経《へ》たは《ワ》、鳶《とび》にもなる』〈46〉と聞《き》いたによって飛《と》んでみたれば、まだ生毛《うぶげ》も生《は》えぬものを、あの高《たか》いところから飛《と》ばせをって、

柿主「何だ。

山伏「それにしても、お前は憎い奴だ。この尊い山伏を、先程から鳥類や畜類に例えている。おまけに、鳶だと言いやがる。一般に『山伏の経験を積んだ者は、鳶にもなる』と言われるのを聞いたことがあるので、飛んではみた

〈41〉**尊《たっと》い**　「たっとい」は「たふとし」の変化した語。尊いという意味。

〈42〉**最前**　先程。先刻。

〈43〉**あまっさへ**　その上。おまけに。「あまりさへ」が変化した語。近世頃まで「あまっさへ」と促音であったが、近代以降、現代語のように「あまつさえ」となった。現行の和泉流の舞台でも、促音という意識で発音されている。

〈44〉**ぬかしをる**　言いやがる。ののしって用いる言葉。現代でも使用される表現だが、キリシタン宣教師の日本語修得のために日本イエズス会が刊行した辞書『日葡《にっぽ》辞《じ》書《しょ》』（一六〇三～〇四成立）にも「Naniuo nucasuca?（何をぬかすか）」という用例が見える。

〈45〉**総じて**　一般に、通常。

〈46〉**「山伏の功を経たは、鳶にもなる」**　和泉流の天理本『狂言六義』では「山ぶしのはてはとびになる」。虎明本や、大蔵流の現行の台詞もこれに同じ。このような成句が、かつて実際にあったのであろう。中世には山伏・天狗・鳶を近しい存在として捉える理解が普及していた。

したたか〈47〉腰《こし》の骨《ほね》を打《う》ち折《お》った。おのれがところへ《エ》連《つ》れて行《い》て〈48〉、看病《かんびょオ》せい。

（アド）柿主「まだ、そのつれ〈49〉をぬかしをる。柿《かき》を盗《ぬす》んで食《く》ふ《ウ》や《ヨ》う《オ》な山伏《やまぶし》を、何《なん》のや《ヨ》う《オ》に看病《かんびょオ》せう《ショオ》ぞ。

（シテ）山伏「看病《かんびょオ》せずば、目《め》に物《もの》を見《み》する〈50〉ぞよ。

（アド）柿主「そりゃ誰《たれ》が〈51〉。

（シテ）山伏「身《み》ども〈52〉が。

（アド）柿主「おぬしが目《め》に物《もの》を見《み》すると言《い》ふ《ウ》て、深《ふか》しい〈53〉こともあるまいぞ。

が、まだ鳶の生毛さえ生えないというのに、あんな高いところから飛ばせやがって、ひどく腰の骨を打ち、折ってしまった。お前のところへ俺を連れて行って、看病しろ。

柿主「まだ、そんなつまらないことを言いやがる。柿を盗んで食うような山伏を、どうして看病しようものか。

山伏「看病しないのならば、目に物を見せてやるぞ。

柿主「それは誰が。

山伏「自分が。

柿主「お前が目にものを見せると言ったって、大したるまいぞ。

(シテ)山伏　「構《かま》へ《エ》て〈54〉悔《くや》むな。」
(アド)柿主　「何《なん》のやう《ヨオ》に悔《くや》まう《モオ》ぞ。」
(シテ)山伏　「悔《くや》むな男《をとこ》〈55〉。台嶺《たいれい》〈56〉の雲《くも》を凌《しの》ぎ、台嶺《たいれい》の雲《くも》を凌《しの》ぎ、年《ねん》行《ぎョオ》の功《こオ》〈57〉を積《つ》むこと、一食《いちじき》〈58〉、断食《だんじき》、立行《たちぎョオ》〈59〉、居行《イぎョオ》〈60〉。

こともないだろうに。
山伏　「(そんなことを言っていて)決して後悔するなよ。」
柿主　「どうして後悔することがあるだろうか。」
山伏　「後悔するなよ、男め。険しい高山を雲を押し分

〈47〉**したたか**　ひどく、大変、はなはだしく、という意味。
〈48〉**行て**　「行って」の促音が略されたもの。
〈49〉**そのつれ**　そんなこと、そんなつまらないこと。
〈50〉**目に物を見する**　ひどい目にあわせる、思い知らせる。
〈51〉**誰**　現代語のように「だれ」と濁音で発音するようになったのは、江戸時代後期以降のこと。それ以前は「たれ」と清音。
〈52〉**身ども**　私。自分。同輩または目下の者に対して改まった感じで用いる。
〈53〉**深しい**　「深し」が室町時代以降にシク活用化した語。奥深い、特別な。

〈54〉**構へて**　絶対に(…するな)。決して(…するな)。手段を尽くして実現させるな、という相手への禁止を示す。
〈55〉**悔むな男…**　以下、謡曲「檀風《だんぷう》」で、山伏が舟出した舟を、祈祷によって引き戻す場面での文句「台嶺の雲を凌ぎ、年行の劫を積む事、一千余箇日、しばしば身命を捨て、熊野権現に頼みをかけば、などかしるしのなかるべき」を踏まえた表現。謡曲「野守」にも、これと同様の文句を山伏が唱える。以下の文句は、和泉流の天理本『狂言六義』にも早く見えているが、古今の大蔵流の台本には見受けられない。山伏の唱える呪文について、詳しくは佐竹昭広『下剋上の文学』(筑摩書房、一九六七年)、「嘲笑の呪文——狂言の山伏——」を参照。

ぼろん。
ぼろん、
ぼろん。

あれは《ワ》何《なに》をぬかしをる。
あのや《ヨ》う《オ》な者《もの》には《ワ》構《かま》は《ワ》ぬが良《よ》い。

かほど尊《たっと》き山伏《やまぶし》に、などか〈61〉奇特《きどく》のなかるべき。ぼろん、〈62〉ぼろん。ぼろん、ぼろん。

柿主（アド）「あれは何《なに》をぬかしをる。あのやうな者《もの》には構《かま》はぬが良《よ》い。急《いそ》い、急《いそ》いで帰《かえ》らう。

山伏（シテ）「〈*〉ぼろん、ぼろん。

＊ここから「見計らい」の部分です。柿主（アド）が「ああ、悲《かな》しや。」と言うまで繰り返されます。どのくらい続けるかは、アドの演者の判断にゆだねられています。

柿主（アド）「これは、いかなこと。

山伏（シテ）「ぼろん、ぼろん。

けながら進んで、険しい高山を雲を押し分けながら進んで、何年も山伏の修行を行ない、努力を重ね、一食、断食、立行、居行など、さまざまな修行をした。これほど尊い山伏に、どうして霊験がないということがあろうか（いや、ある）。ぼろん、ぼろん。ぼろん、ぼろん。

柿主「あいつは何を言っていやがる。あんな奴は構わないのが良い。急いで、急いで帰ろう。

山伏「ぼろん、ぼろん。

柿主「これは、どうしたことだ。

山伏「ぼろん、ぼろん。

（アド）柿主「これは、いかなこと。

（シテ）山伏「ぼろん、ぼろん。

（アド）柿主「ああ、悲《かな》しや。《倒れる》

（シテ）山伏「尊《たっと》い山伏《やまぶし》は《ワ》、このやう《ヨオ》なものぢゃ。連《つ》れて行《い》て看病《かんびょオ》せい。

柿主「これは、どうしたことだ。

山伏「ぼろん、ぼろん。

柿主「ああ、悲しいことだ。

山伏「尊い山伏は、このようなものだ。連れて行って看病しろ。

〈56〉**台嶺** 本来、隋の僧・智顗《ちぎ》が天台宗を開いた中国浙江《せっこう》省東部の天台山のことだが、日本ではこれに擬《なぞら》えて、最澄が天台宗を広めた比叡山のことを指す。またこの他、単に高い山のことも言う。ここでは山伏が修行をする高い山という意味で捉えるべきであろう。

〈57〉**年行の功** 多年の修行によって功徳を積むこと。

〈58〉**一食** 仏家の食法で、午前中に一度だけ食事をすること。

〈59〉**立行** 立ったままでいる苦しい修行。

〈60〉**居行** 座り続けたままでする修行のことか。

〈61〉**などか** 副詞「など」に係助詞「か」の付いてできたもので、「など」の疑問、反語の意を強めた表現。ここでは、どうして…か（いやそうではない）、と反語。

〈62〉**ぼろん** 呪文の言葉。サンスクリット語、(Bhrūm)の音写で、漢字では「勃嚕唵」などと表記する。密教では、大日如来が最高の境地に入って説いた真言とされている。その功徳によって極楽往生が可能になる、あるいは苦輪を逃れることができるとも言われ、お守り字、上棟の棟札字などにも、しばしば用いられる。

ぼろん、ぼろん。
ぼろん、ぼろん。

ああ、悲《かな》しや。

柿主（アド）「何《なん》ぢゃ看病《かんびょオ》せい。

山伏（シテ）「恩《おん》でもないこと。〈63〉

《柿主が立ち上がって刀（実際には刀に見立てた扇）を抜く》

柿主（アド）「おのれ、誠《まこと》ぢゃと思《おもイ》ひをるか。

山伏（シテ）「ああ、許《ゆる》してくれい。

柿主（アド）「何《なん》の許《ゆる》せとは。

山伏（シテ）「許《ゆる》してくれい。

柿主「何だ、看病をしろとは。

山伏「当然のことだ。

柿主「おのれ、本当のことだと思っているのか。

山伏「ああ、許してくれ。

柿主「何だ、許せとは。

山伏「許《ゆる》してくれ。

（アド）柿主「憎《にく》い奴《やつ》の。

（シテ）山伏「許《ゆる》してくれい。

（アド）柿主「おのれを何《なん》とせう《ショオ》。

（シテ）山伏「許《ゆる》してくれい。

（アド）柿主「あの横着者《オオちゃくもの》〈64〉。

（シテ）山伏〈＊〉「許《ゆる》してくれい、許《ゆる》してくれい。

〈63〉 **恩でもないこと** 言うまでもない、もちろん。当然のことであって恩にきることではない、という意味から転じた語。

〈64〉 **横着者** 承知しながら悪事をする者のこと。「横着」は、中世から現われる語で、図々しいこと、ずるいこと、怠けてすべきことをしないさま。

柿主「憎い奴だ。

山伏「許してくれ。

柿主「お前をどうしてやろうか。

山伏「許してくれ。

柿主「あの図々しい奴め。

山伏「許してくれ、許してくれ。

ああ、
許《ゆる》してくれい。

何《なん》の許《ゆる》せとは。

＊ここから「見計らい」の部分です。どのくらい続けるかは、決まっていません。

柿主（アド）「やるまいぞ〈65〉、やるまいぞ。

山伏（シテ）「許《ゆる》してくれい、許《ゆる》してくれい。

柿主（アド）「やるまいぞ、やるまいぞ。

山伏（シテ）「許《ゆる》してくれい、許《ゆる》してくれい。

柿主（アド）「やるまいぞ、やるまいぞ。

柿主「逃がさないぞ、逃がさないぞ。

山伏「許してくれ、許してくれ。

柿主「逃がさないぞ、逃がさないぞ。

山伏「許してくれ、許してくれ。

柿主「逃がさないぞ、逃がさないぞ。

〈65〉 **やるまいぞ**　逃がさないぞ、放さないぞ。狂言などの終わりに、しばしば決まり文句のように用いられる。

《解説》

狂言「柿山伏」の今昔

「柿山伏」は、柿を盗み食いしていた山伏が、柿の木の持ち主にもてあそばれて、さまざまな動物の物真似をさせられ、ついには鳶の真似をして木から飛び下り、腰を強く打つという、山伏の大失敗を描いた作品です。山伏がさまざまな動物の物真似を披露するところが見どころとなっていて、その身振りを見ているだけでも面白い内容となっています。現代でもしばしば上演される演目で、国語教科書にも取り上げられるなど、よく知られています。

それにしても、この狂言が成立したのは一体いつ頃なのでしょうか。〈01〉これについて、詳しいことは分かっていませんが、最も古い時期の狂言の台本である「天正本狂言集」には、既に「かきくい山ぶし（柿食い山伏）」という題名で収録されています。内容は次の通りです。〈02〉

一、山伏一人、大峰帰りとて、ひだるきとて、柿の木へ上り食ふ。また、二人出て、山伏をだます。「大きな鳶《とび》か」と言ふ。山伏、うれしがりて、色々の身なりするとて落ちる。二人の者、手ばたきして笑ふ。無念がりて祈る。後退《しりしざ》りに祈り付けらるる。負《う》ぶって帰る。後、投げる。留め。

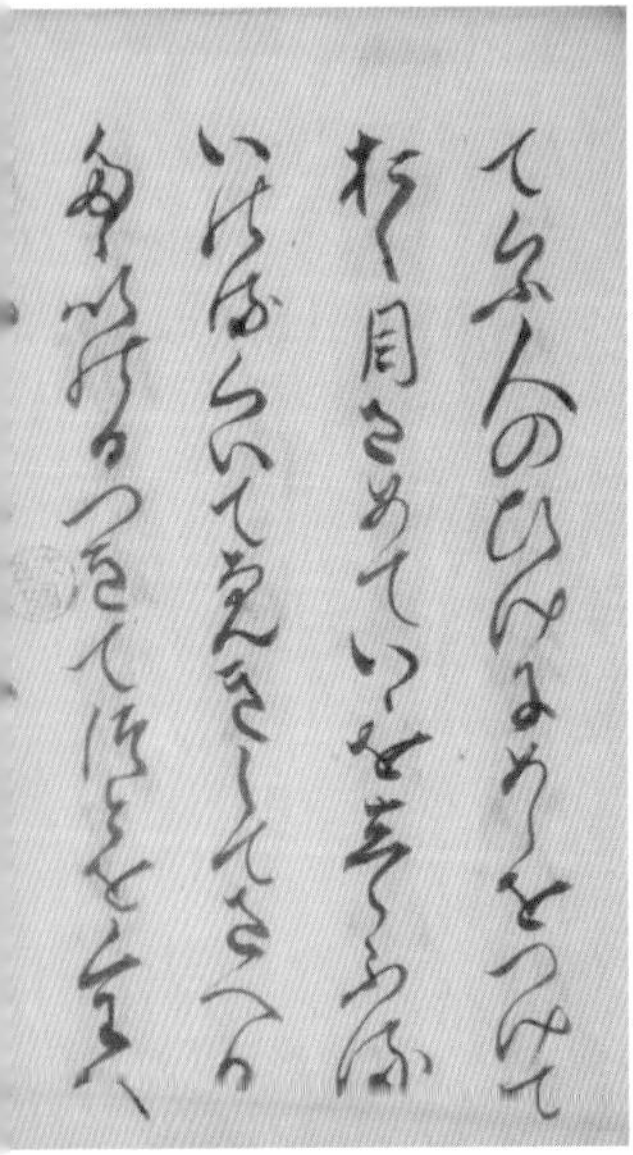

『天正狂言本』［かきくい山ぶし］能楽研究所蔵

（現代語訳）

一、山伏が一人、大峰からの帰りだと言って（登場して）、お腹が空いたと言って、柿の木へ上り（柿を）食べる。また、二人の人が出て来て、山伏をだます。「大きな鳶か」と言う。すると山伏は、うれしがって、いろいろの身なりをしようとして（木から）落ちる。二人の者は、手をたたいて笑う。くやしがって祈る。前を向いたままで後ろに退こうとしたところ、（二人は山伏に）祈祷によってもののけなどを憑依させられる。（二人は山伏を）背負って帰る。その後、（二人は山伏を）投げる。留め。

非常に簡略な記事ですが、あらすじは現代のものと、おおむね同じようです。ただし、細かく比較してみると、異なる点もいくつか見受けられます。まず、山伏をからかう登場人物として「二人」が登場している点は大きな違いです。現在の舞台では、柿主が一人だけ登場し

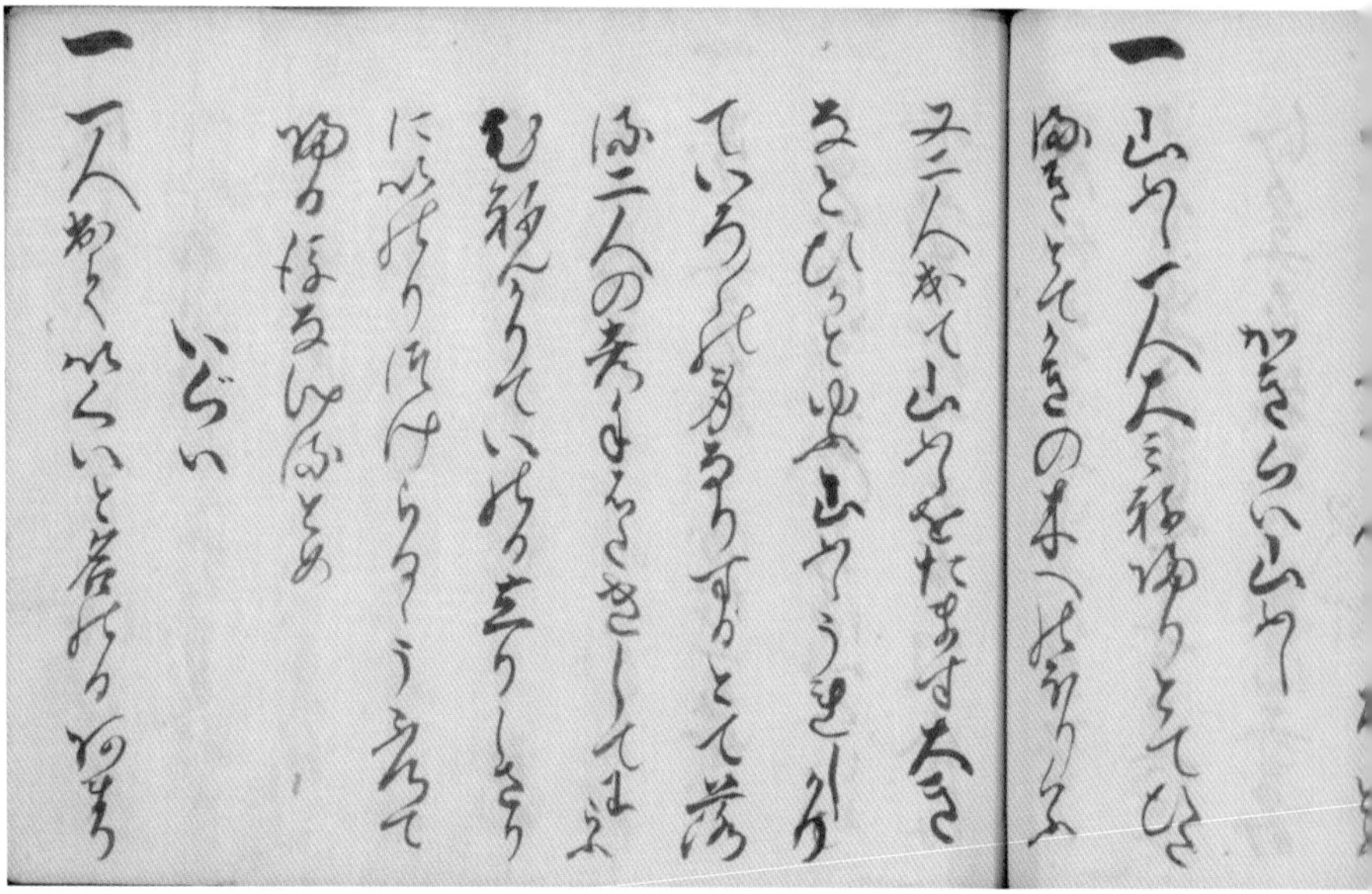

ています。恐らくは、本書で取り上げるもう一つの狂言「附子」に登場する太郎冠者と次郎冠者のように、この「二人」の間で会話をする場面もあったことでしょうし、当時の台本の内容は現代のものと、いささか異なっていたことが想像されます。また、この「二人」は、木から落ちた山伏に対して「手ばたきして笑ふ」という動きをしていますが、こうした所作は、現代の狂言には見受けられないものです。現代とは異なる所作が、舞台で行なわれていたことが想像されます。

それから、この台本では、木に上っている山伏を「大きな鳶か」とするだけで他の動物のことは、具体的には出てきません。和泉流の現代の舞台では、犬、猿、鳶の真似をしますが、天理本『狂言六義』では「〇一、からす、〇一、いぬ、〇一、口なは、いろ〳〵云て」（〇一、烏、〇一、犬、〇一、蛇、いろいろ言って）とあります。蛇の物真似までしていたようです。[03] 大蔵流の「虎明本」では、烏、猿、狸、犬、鳶の物真似をすることになっています。現行の大蔵流の舞台では、烏、猿、鳶の物真似をしています。また、宝暦十一年（一七六一）頃の鷺流の台本「宝暦名女川本」では、烏・猫・ももんが・鳶の真似をするとしています。〈04〉どの台本も、最後に真似をするのが鳶という点は動いていませんが、それ以外の動物についてはもともと、演者の裁量で自由に物真似を行なっていたのかも知れません。「天正本狂言集」には、鳶以外の記載がありませんので、当時は鳶以外の物真似は行なわれていなかったと解釈する余地はありますが、「色々の身なりするとて」ともありますし、さまざまな物真似を演者が自由に行なうことが、敢えてここに書き記すまでもなく、当然のことであった可能性もあります。どちらであるのかは、判別できません。

鳶と見誤られる山伏

さて、山伏が鳶ではないかと、柿主などから言われる場面は、古い時代のどの台本にも、そして、現代の舞台にも認められるわけですが、この作品はどうやら筋書き上、山伏が鳶と捉えられることが重要であるようです。「天正本狂言集」では「大きな鳶か」と言われたことを受けて「うれしがりて、色々の身なりするとて落ちる」とされています。うれしがるというのは、他の台本に例を見ませんし、何故、山伏がうれしがったのか、いささか唐突で、理解が難しいところです。一つの解釈としては、山伏の現行の台詞の「やれやれ、嬉しや。まづ、人でないと言ふ」のように、人ではなくて鳶だと捉えられたことについて、喜んだという読み方が成り立つでしょう。また、現行の大蔵流の台本では、鳶の物真似をした山伏を飛ばせようと、柿主が「ちと浮かいてやらう」（少し浮かれさせてやろう）と言って、扇で囃し立てる演出があります。「浮かれる」ということと、「うれしがる」ということでは、いささかニュアンスがズレますが、これに通ずる演出を指している可能性もあります。そして、さらにもう一つの解釈としては、鳶と間違えられることが、山伏にとって喜ばしいことであった可能性が考えられます。現行の台本には「山伏の功を経たは、鳶にもなる」（山伏の経験を積んだ者は、鳶にもなる）という現代には伝わっていない成句が出てきます。大蔵流の虎明本や現行の台詞、それから和泉流の天理本『狂言六義』でも、この成句は「山伏の果ては鳶になる」とされていますが、やはり同じ意味の言葉のようです。「天正本狂言集」で、山伏がうれしがったのは、この成句を前提にして、修行の成果が実って自分は鳶の姿に見えているのか、と誤解したことによると捉えることもできそうです。

狂言って、どうやって創られたの？

ところで、狂言の作品は、どのようにして創作されたのでしょうか。このことを探る上で参考になるのが、世阿弥の著わした『習道書《しゅどうしょ》』にある次の言葉です〈05〉。

一、狂言の役人の事。是又《これまた》、をかしの手立《てだて》、あるひはざしきしく、又《また》は、昔物語などの一興ある事を本木《もとぎ》に取りなして事をする、如《かくのごとし》レ此。

（一、狂言の役をする人のこと。これについてはまた、狂言の役者の芸の方法として、あるいはその場に適して気転の利いた洒落、または古い物語などのちょっとした面白みのあることを中心的な素材として扱って芸を行なうのがよろしい。）

加えて、大蔵虎明《とらあきら》の著わした狂言論の本である『わらんべ草《ぐさ》』の第十九段にある次の言葉も挙げられます〈06〉。

昔人云。狂言は天より降りたるものにあらず、地より湧きたるにもあらず。ただ昔物語・歌一首にても作り、又《また》、古事をたよりとしたる事いろいろ多し。

（昔の人が言うには、狂言は、天から降ってくるものでもなければ、大地から湧いてくるものでもない。単に古い物語や歌一首も元にして創作することもあるし、古来慣用的に用いられている成句や表現を元にして創作する例も、いろいろと多く見受けられる。）

つまり、狂言は「昔物語」や和歌、あるいは故事を元にして創作されることが多かったようなのです。このことを踏まえると、どうやら「柿山伏」については「山伏の功を経たは、鳶にもなる」ないし「山伏の果ては鳶になる」という成句が、この作品の中心的素材として、深く関わっている可能性を考えることができそうです。

山伏・天狗・鳶——イメージの連環——

「山伏の果ては鳶になる」という成句にどのような含意があったのか、詳細まではわかりませんが、中世には山伏・天狗・鳶を近しい存在として捉える理解が普及していましたので、それを前提とした表現ではあるようです。この三つのつながりについては、例えば『天狗草子絵巻』などの絵画で、天狗の姿が鳶の鋭いくちばしと背に翼を持った山伏のような姿で描かれることが多いことからもうかがわれます。能『鞍馬天狗《くらまてんぐ》』や能『大会《だいえ》』でも天狗は山伏姿で登場しています。文献でも、例えば平安時代末期に成立の説話集『今昔物語集《こんじゃくものがたりしゅう》』の巻二十・第十一「竜王為天狗被取語《りゅうおうてんぐのためにとらるること》」には、讃岐国万能《さぬきのくにまの》の池の竜が比良《ひら》山の天狗にさらわれ、洞窟の中に幽閉されたが、次に連れ去られてきた僧の持っていた水瓶の中の一滴の水によって神通力を得て、僧とともに逃げ、さらにその竜が天狗に復讐するのですが、その場面は次のように記されています〈07〉。

其《その》後、竜、彼《か》の天狗の怨《あた》を報ぜむが為に、天狗を求むるに、天宮《てんぐ》、京に知識

天狗草紙絵巻（興福寺巻／東大寺巻）
colbase.nich.go.jp

を催す荒法師の形と成《なり》て行《ゆき》けるを、竜降《おり》て蹴殺《けころ》してけり。然れば、翼折れたる屎鵄《くそとび》にてなむ、大路に被踏《ふまれ》ける。

（その後、竜は例の天狗に仕返しをしてやろうと思い、天狗を捜し求めていたところ、天狗が京で寄進を募る修験僧の姿に変化して歩いていたのを見つけた。竜は空から舞い降りて蹴り殺してしまった。すると天狗は翼の折れた屎鵄になって、大通りで道行く人に足蹴にされた。）

天狗は「荒法師」の姿となって人びとの間に現われ、そして、その成れの果ての姿は「屎鵄《くそとび》」とされているのです。ここに言う、荒法師は荒行をする修験者で、山伏のような存在と言えましょう。また、『平《へい》家物語《けものがたり》』の一種である『源平盛衰記《げんぺいじょうすいき》』巻四には「鳶は天狗の乗物也」ともあるのです。[08]

狂言「柿山伏」に似た説話

ところで、このような山伏・天狗・鳶のイメージの連環を前提として、次の鎌倉時代に成立の説話集『宇治拾遺物語《うじしゅういものがたり》』の第三十二話を確認してみたいと思います。[09]

柿の木に仏現ずる事

昔、延喜《えんぎ》の御門御時《みかどのおんとき》、五条の天神のあたりに、大なる柿の木の、実ならぬあり。その木のうへに、仏あらはれておはします。京中の人、こぞりて参りけり。馬・車もたてあへず、人もせきあへず、拝《おが》みののしる。

かくする程に、五六日あるに、右大臣殿、心得ずおぼし給けるあひだ、「まことの仏の、世の末に出給べきにあらず。我行て、心みん」とおぼして、日の装束うるはしくして、檳榔《びりやう》の車に乗て、御後前《しりさき》おほく具《ぐ》して、集まりつどひたる物ども、のけさせて、車かけはづして榻《しぢ》をたてて、木ずゑを目もたたかず、あからめもせずして、まもりて、一時斗《ばかり》おはするに、此《この》仏、しばしこそ、花も降らせ、光をもはなち給けれ、あまりにあまりにまもられて、しわびて、大なるくそとびの羽折

（現代語訳）

柿の木に仏が現われること

昔、醍醐《だいご》天皇（在位：八八五～九三〇）の時代に、京都の五条の天神のあたりに、実を実らせない大きな柿の木があった。その木の上に、仏がお出でになった。都中の人が、こぞってお参りした。馬も車も停めておけないほど、そして、人も塞《せ》き止められないほどで、人びとは大騒ぎして拝むのであった。

そのようにして、五、六日が経ったが、右大臣殿は、納得いかないとお思いになり、「本当の仏が、この仏法が衰えた末の世にお出でになるわけがない。私が行って調べよう」とお考えになった。そして、昼間の正装である束帯をきちんと召され、檳榔の葉で屋根を葺《ふ》いた牛車に乗った。随従者と前駆を多く連れて、群がって集まっている人たち

れたる、土に落ちて、まどひふためくを、童どもよりて、打ち殺してけり。大臣は、「さればこそ」とて、帰給《かへりたまひ》ぬ。

さて、時の人、此《この》大臣をいみじく、かしこき人にておはしますとぞ、ののしりける。


を退けさせ、車から牛を外し、車の前部に取りつけられた長い棒を榻という台の上に載せて、（仏の現われている）梢《こずえ》をまばたきもせず、脇目も振らずに、見守った。そのようにして、二時間ほどいらしたところ、この仏は、しばらくの間は、花も降らせ、光を放つこともなさっていたが、あまりにも長い間、見守られたので、どうにもならなくなって、大きな屎鵄《くそとび》の羽の折れたのが、地に落ちて、慌てふためくのを、童どもは近づいて、打ち殺した。大臣は「だから、思った通りだったのだ」と言って、お帰りになった。

さて、当時の人たちは、この大臣を、非常に賢い方でいらっしゃることだと、評判し合ったのだった。

この話については、『今昔物語集』巻二十・第三にも「天狗《てんぐ》、現仏坐木末語《ほとけげんじてこずゑにいますこと》」として、同じ話が収められています。いずれについても、仏の姿に化けていた者の正体として「屎鵄《くそとび》」が登場していますし、『今昔物語集』の方の題には「天狗」とありますから、結局、これらの話では、柿の木の上に現われた仏が天狗の仕業と捉えられていたことがうかがわれます。そして、その天狗というのは、先程も確認しました通り、山伏に近い存在であるわけです。それが失敗して、柿の木から落ちるという点で、この話は狂言「柿山伏」と展開が似通っていると言えましょう。このことから、狂言「柿山伏」は、この「昔物語」に基づいて創作されたと見る説が出されています。[10]また、近現代に記録された昔話にも、これに似たものとして「とんびになる」という話があることが注目されています。[11]この話については、例えば、ラフカディオ・ハーンが記録した話として、鳶川という力士の男が、天狗に変装して高い木に上っていたところ、百姓たちが寄ってきてさまざまな供え物をした。天狗の腕前を披露しようと、木の枝から枝へと飛び移ろうとしたが、失敗して落下し、首の骨を折って死んだというものがあります（『日本瞥見記《にほんべっけんき》』第十五章「キツネ」）。確かに、狂言「柿山伏」と重なる要素の多い話と言えます。

ただし、これらの話には「柿山伏」、または「柿食い山伏」というタイトルに明確に打ち出されている、山伏が柿を食べるという要素が抜けてしまっている点には注意が必要です。[12]これは、この狂言で最も重要であるはずの要素です。この点において、これらの話は狂言「柿山伏」と、遠い関係にあります。歌舞伎「勧進帳《かんじんちょう》」の元になっている能「安宅《あたか》」で、弁慶が「それ山伏と言つぱ…（中略）…九会曼荼羅《くゑまんだら》の柿の篠懸《すずかけ》」（そもそも山伏というのは…（中略）…九会曼荼羅を示す柿色の鈴懸《すずかけ》を着て）と語る例があるように、山伏が着る衣服の典型的な色の一つは柿色なのでした。そんなことからしても、山伏と柿とは、イメージの上でつながりが深いのです。そして、そんな山伏が、柿を盗み食いをするということが、この狂言では重要な要素となっていると考えられます。先に紹介した『今昔物語集』と『宇治拾遺物語』にも、柿の木は登場しますが、これは柿の実がならない木なのです。したがって、この狂言の場合は、必ずしも直接に、こうした「昔物語」が、中心的な素材とされていたわけではないのかも知れません。

ともあれ、中世における山伏・天狗・鳶、そして柿といった、さまざまな〈モノ〉に対する認識の結びつきが大前提となって、この狂言は展開し、その面白さを下支えしているということはできそうです。

注

〈01〉泉州堺出身で、尚寧《しょうねい》十二年（一六〇〇）から、琉球の尚寧王に仕えていた喜安《きあん》という僧侶の日記体の回想録『喜安日記』には「この人（河内東風平なり）をば、首里童、戯れて勝山伏と申すが、今の為体《ていたらく》は負山伏とぞ見えたり。」（この人（河内東風平のこと）を、首里にいた子供は、ふざけて「勝《カチ》山伏」と言うけれど、今の体たらくは「負山伏」であるように見えた）とあります。琉球では「キ」が「チ」と発音されていました。したがって「柿（かき）山伏」は「かちやまぶし」と発音されていて、それに「勝ち」をかけたダジャレであったと考えることができます。ここから、狂言「柿山伏《かきやまぶし》」は、十七世紀初頭の段階で、海を越え、国をも超えて、琉球《りゅうきゅう》国でも、既によく知られていた可能性があるのです。末吉安恭「組踊小言」伊波普猷『琉球戯曲集』（春陽堂書店、一九二九

年）、池宮正治・解説『喜安日記』（榕樹書林、二〇〇九年）、参照。

〈02〉野上記念法政大学能楽研究所の能楽資料デジタルアーカイブで、原本の画像と翻刻、注釈が公開されています。「天正本狂言集」の引用は、これに基づき、読みやすさを期して、適宜、句読点や濁点を振り、漢字を当て変えるなどして翻刻しました。本書での別の箇所での引用も同様。

〈03〉『狂言集〈新編・日本古典文学全集60〉』（小学館、二〇〇一年）。

〈04〉北川忠彦・関屋俊彦「翻刻　鷺流狂言『宝暦名女川本』㈢」『女子大国文』第一〇七号（一九九〇年六月）。

〈05〉引用は『世阿弥　禅竹〈日本思想大系24〉』（岩波書店、一九七四年）に拠ります。

〈06〉引用は『古代中世芸術論〈日本思想大系23〉』（岩波書店、一九七三年）に拠ります。

〈07〉引用は『今昔物語集　四〈新日本古典文学大系36〉』（岩波書店、一九九四年）に拠ります。引用に当たり、片仮名を平仮名に改めました。

〈08〉引用は『源平盛衰記（一）』（三弥井書店、一九九一年）に拠ります。引用に当たり、片仮名を平仮名に改めました。

〈09〉引用は『宇治拾遺物語　古本説話集〈新日本古典文学大系42〉』（岩波書店、一九九〇年）に拠ります。

〈10〉田口和夫『狂言論考 説話からの形成とその展開』（三弥井書店、一九七七年）。

〈11〉佐竹昭広『下剋上の文学』（筑摩書房、一九六七年）、「嘲笑の呪文――狂言の山伏――」。

〈12〉金井清光『天正狂言本全釈』（風間書房、一九八九年）、注解参照。また、中世以前の柿については、大橋直義「小学校国語における狂言「柿山伏」：異文化理解にむけて」『和歌山大学教育学部紀要・人文科学』第六十九号（二〇一九年二月）を参照。

附子【ぶす】

◉あらすじ

主人が、附子という猛毒を預けるので注意しろ、と言って外出するが、太郎冠者と次郎冠者はそれが砂糖であることを知り、全部食べ尽くして、わざと主人が秘蔵の掛軸や茶碗を破損する。そして、戻った主人に、大事なものを壊してしまった償いに死のうとして附子を食べたのだが、死ねなかったのだという。

◉登場人物

シテ　太郎冠者〈01〉

アド　主

小アド　次郎冠者

道具　葛桶《かづらおけ》

主（アド）「このあたりの者《もの》でござる。〈02〉今日《こんにッタ》〈03〉は用事《よオじ》あって、山一《やまひと》つあなた〈04〉へ《エ》参《まイ》る。両人《りョオにん》の者《もの》を呼《よ》び出《い》だし、留守《るす》の儀《ぎ》を〈05〉申《モオ》しつけう《キョオ》と存《ぞん》ずる。〈06〉両人《りョオにん》の者《もの》あるか。

太郎冠者・次郎冠者（シテ）（小アド）「はあ。

主（アド）「いたか。

太郎冠者・次郎冠者（シテ）（小アド）「お前《まえ》〈07〉に。

主（アド）「念《ねん》なう《ノオ》〈08〉早《はや》かった。汝《なんぢ》〈09〉らを呼《よ》び出《い》だすは《ワ》別《べち》のことでない。〈10〉今日《こんにッタ》は用事《よオじ》あって、山一《やまひと》つあなたへ《エ》行《ゆ》く。両人《りョオにん》ともによう《オ》留守《るす》をせい。

主「このあたりに住んでいる者でございます。今日は用事があって、山一つ向こうに参ります。二人の者を呼び出して、留守をするように申しつけようと思います。二人の者はいるか。

太郎冠者・次郎冠者「はあ。

主「いたか。

太郎冠者・次郎冠者「御前《ごぜん》におります。

主「思いがけず早かったな。お前たちを呼び出したのは他でもない。今日は用事があって、山一つ向こうへ行く。二人とも、しっかりと留守をしなさい。

（シテ）太郎冠者「かしこまっては《ワ》ござれども、両人《りョオにん》のうち一人《いちにん》は《ナ》、なあ、次郎冠者《じロオかじゃ》。

（小アド）次郎冠者「おお。

太郎冠者「かしこまりましたが、二人のうち一人は、なあ、次郎冠者。

次郎冠者「おお。

〈01〉**太郎冠者**　狂言の役柄の一つ。大名または主に対し従者として登場するもの。「冠者」は、元服して冠を付けた少年のこと。転じて、若者のことを言う。同種の従者が二人または三人の場合、中心となる者を太郎冠者、二番目を次郎冠者、三番目を三郎冠者と言う。

〈02〉**ござる**　…（て）おります、…（で）ございます。「あり」、「をり」の丁寧語。

〈03〉**今日《こんにッタ》は**　「こんにった」は、「こんにちは」が変化したもので、室町時代末期に現われた発音。謡曲、狂言、芝居などで多く見られる。

〈04〉**あなた**　あちら、向こう側。

〈05〉**儀**　こと、事柄。

〈06〉**存ずる**　考える、思うという意味の謙譲語。

〈07〉**お前**　貴人の前方のことを敬って言う言葉。ごぜん。みまえ。ちなみに、代名詞としての「お前」も、江戸時代前期までは敬意の強い語として上位者に対して用いられた。

〈08〉**念なう**　「念無し」の連用形「念無く」のウ音便。思いがけない。意外である。期待していた以上の良い結果の場合に用いることが多い。

〈09〉**汝ら**　お前たち。「なんぢ」は中世以降、目下の者に対する、最も一般的な代名詞として用いられていた。

〈10〉**別のことでない**　他でもない。「べち」は「別」の呉音。呉音は古代日本へ朝鮮半島から渡来した漢字音のことで、仏教関係の用語に用いられることが多い。

（シテ）太郎冠者・（小アド）次郎冠者「お供《とも》に参《まイ》りませう《ショオ》。

（アド）主「いやいや、今日《キヨオ》は子細《しさい》〈11〉あって供《とも》は《ワ》連《つ》れぬ。両人《りヨオにん》ともによう《オ》留守《るす》をせい。

（シテ）太郎冠者「さやう《ヨオ》ならば〈12〉、

（シテ）太郎冠者・（小アド）次郎冠者「かしこまってござる。

（アド）主「しばらく、それに待《ま》て。

（シテ）太郎冠者・（小アド）次郎冠者「心得《こころえ》ました。

（アド）主「やいやい。このあなたに附子《ぶす》〈13〉があるほどに、さう《ソオ》心《こころ》

太郎冠者・次郎冠者「お供に参りましょう。

主「いやいや、今日は事情があって供は連れて行かない。二人とも、しっかりと留守をしなさい。

太郎冠者「それならば、そのように

太郎冠者・次郎冠者「かしこまりました。

主「少しの間、そこに待っていなさい。

太郎冠者・次郎冠者「心得ました。

主「おいおい。この向こうに附子があるので、そのように心得なさい。

太郎冠者「それでは、二人で共

得《え》。

(シテ)太郎冠者「さやう《ヨオ》ならば、両人《りヨオにん》ともにお供《とも》に参《まイ》りませう《シヨオ》。

(アド)主「汝《なんぢ》は《ワ》何《なん》と聞《き》いた。

(シテ)太郎冠者「このあなたに。留守《るす》があるとは《ワ》仰《おオ》せられぬか。

(アド)主「いやいや、さう《ソオ》ではない《ワ》。附子《ぶす》と言《い》ふ《ウ》て、あの方《ホオ》から吹《ふ》く風《かぜ》に当《あ》たってさへ《エ》、滅却《めっきゃく》〈14〉するほどの大毒《だいどく》ぢゃ〈15〉。

にお供に参りましょう。

主「お前は私の話をどのように聞いたのだ。

太郎冠者「この向こうに。留守をする者がいるとおっしゃったのではありませんか。

主「いやいや、そうではない。附子と言って、あちらの方から吹く風に当たってさえ、命を落とすほど大変な毒だ。油断をしない

〈11〉**子細** 詳しい事情、理由。

〈12〉**さやうならば** そうであるならば、それなら。

〈13〉**附子** キンポウゲ科トリカブト属植物の稚根を乾燥させたもの。毒性が強く、アイヌの矢毒にもこれが用いられるが、漢方薬としては、冷え・解熱・鎮痛に効果があるとされる。古くは「ぶし」で、中世後期以後、唐音で「ぶす」とも読むようになった。

〈14〉**滅却する** 滅びる、死ぬ。

やいやい。
このあなたに
附子《ぶす》があるほどに、
さう《ソオ》心得《こころえ》。

油断《ゆだんノ》をせぬやう《ヨオ》に番《ばんノ》をせい。

次郎冠者（小アド）「早速《さッそく》、御不審《ごふしん》〈16〉がござる。それほどの大毒《だいどく》を、何《なん》として〈17〉お持《も》て扱《あつか》ひ《イ》〈18〉なされます。

主（アド）「それには《ワ》苦しう《くるシュウ》ない〈19〉誦文《じゅもん》がある。

太郎冠者（シテ）「これは、

太郎冠者（シテ）・次郎冠者（小アド）「ごもっともでござる。

主（アド）「やがて、〈20〉戻《もど》ら《ロ》う《オ》。

太郎冠者（シテ）「やがて、

ようにして、留守番をしなさい。

次郎冠者「早速、わからないことがございます。それほど大変な毒を、どのようにして取り扱われるのでしょうか。

主「それについては支障がないように誦文がある。

太郎冠者「これは、

太郎冠者・次郎冠者「ごもっともでございます。

主「すぐに、戻ろう。

太郎冠者「すぐに、

（シテ）太郎冠者・（小アド）次郎冠者「お帰《かエ》りなされませ。

（アド）主「心得《こころえ》た。

（シテ）太郎冠者「出《で》られた。

（小アド）次郎冠者「お出《で》やった。〈21〉

（シテ）太郎冠者「まづ、下《した》に居《イ》よ。〈22〉

〈15〉**ぢゃ**　「である」が語尾を落とした「であ」を経て変化したもの。～だ。断定の意を表わす。

〈16〉**御不審**　よくわからないこと、はっきりしないこと。

〈17〉**何として**　どのようにして。

〈18〉**お持て扱ひ**　大切に取り扱うこと。

〈19〉**苦しうない**　構わない。気にしなくても良い。

太郎冠者・次郎冠者「お帰りくださいませ。

主「わかった。

太郎冠者「出掛けられた。

次郎冠者「お出掛になった。

太郎冠者「まずは、座れよ。

〈20〉**やがて**　すぐさま。ただちに。

〈21〉**やった**　…なさった。助動詞「やる」は、「ある」の変化した語。初めは敬語であったが、近世には、同等またはそれに近い目下のものの動作について、丁寧に、また親愛の気持ちで用いる。

〈22〉**下に居よ**　座る。しゃがむ。ひざまずく。多く命令の形

(小アド)次郎冠者 「心得《こころえ》た。

(シテ)太郎冠者 「さて、何《なん》と思《おも》ふ《オ》。いつも身《み》どもがお供《とも》に行《ゆ》けば、汝《なんじ》がお留守《るす》をする。また汝《なんじ》がお供《とも》に行《ゆ》けば、身《み》どもがお留守《るす》をするに、今日《キョオ》は両人《りョオにん》ともにお留守《るす》をすると言《い》ふ《ウ》は《ワ》、珍《めずら》しいことぢゃ。

(小アド)次郎冠者 「いづれ、〈23〉ためし少《すく》ないことぢゃ。

(シテ)太郎冠者 「今日《キョオ》は《ワ》ゆるりと話《はな》さう《ソオ》。

(小アド)次郎冠者 「一段《いちだん》とよからう《ロオ》。そりゃ。

(シテ)太郎冠者 「何《なん》とした。

次郎冠者 「わかった。

太郎冠者 「さて、どう思う。いつも私がお供に行けば、お前がお留守をする。またお前がお供に行けば、私がお留守をするというのに、今日は二人ともお留守をするようにと言うのだが、これは珍しいことだ。

次郎冠者 「いずれにせよ、例の少ないことだ。

太郎冠者 「今日はゆっくりと話そう。

次郎冠者 「一段と良いだろう。そりゃ。

太郎冠者 「どうした。

（小アド）次郎冠者　「附子《ぶす》の方《ホオ》から風《かぜ》が吹《ふ》いた。

（シテ）太郎冠者　「良《よ》いところへ《エ》気《き》がついた。身《み》どもは《ワ》うっかりとしていた。

（小アド）次郎冠者　「さてさて、そちは《ワ》油断《ゆだん》な者《もの》じゃ。

（シテ）太郎冠者　「あのやう《ヨオ》な物《もの》の側《そば》にいるは《ワ》悪《わる》い。つうっと、〈24〉退《の》ひ《イ》て話《はな》さう《ソオ》。

（小アド）次郎冠者　「一段《いちだん》と良《よ》からう《ロオ》。

次郎冠者　「附子の方から風が吹いた。

太郎冠者　「良いことに気がついた。私はうっかりとしていた。

次郎冠者　「さてさて、お前は不注意な人だ。

太郎冠者　「あのようなものの側にいるは良くない。さっと、離れて話そう。

次郎冠者　「それは一段と良いでしょう。

太郎冠者　「さてお前は、あの附

で用いる。

〈23〉**いづれ**　いずれにしても、どのみち、どちらにせよ。

〈24〉**つうっと**　さっと。ぱっと。急に。速さなどの程度がはなはだしいさまを表わす言葉。

（シテ）太郎冠者　「さて汝《なんぢ》は《ワ》、あの附子《ぶす》と言《い》ふ《ウ》物《もの》を見《み》たことがあるか。

（小アド）次郎冠者　「身《み》どもは《ワ》つひ《イ》に見《み》たことがない。

（シテ）太郎冠者　「身《み》どももつひ《イ》に見《み》たことがない。今日《きょオ》は《ワ》幸《さいワ》ひ《イ》のお留守《るす》ぢゃ。そと〈25〉見《み》やう《ヨオ》と思《おも》ふが何《なん》とあらう《ロオ》。

（小アド）次郎冠者　「いや、ここな者《もの》が〈26〉、あのやう《ヨオ》な大毒《だいどく》を、見《み》やう《ヨオ》なども言《い》ふ《ウ》ことがあるものか。

（シテ）太郎冠者　〈*〉「さりながら、ここに気《き》の毒《どく》が〈27〉ある。いづれもが〈28〉『やい、太郎冠者《たロオかじゃ》。そちがところに附子《ぶす》と言《い》ふ《ウ》ものがあるげな〈29〉、どのようなものぢゃ』とお尋《たづ》ねの時《とき》、御《み》内《うち》にありながら『存《ぞん》ぜぬ』とは《ワ》言《い》は《ワ》れまい。幸《さいワ》ひ《イ》の

子というものを見たことがあるか。

次郎冠者　「私はいまだかつて見たことがない。

太郎冠者　「私もいまだかつて見たことがない。今日は幸いにしてお留守だ。ちょっと見てみようと思うのだがどうだろう。

次郎冠者　「いや、お前が、あのような大変な毒を、見ようなどと言い出すことがあるものか。

太郎冠者　「しかしながら、ここに気がかりなことがある。誰かが『やい、太郎冠者。お前のところに附子というものがあるそうだが、どのようなもの

お留守《るす》じゃ。そと開《あ》けてみやう《みヨオ》。

（小アド）次郎冠者「いかにさう《ソオ》あればとて、あの方《ホオ》から吹《ふ》く風《かぜ》に当《あ》たってさへ《エ》、滅却《めっきゃく》するほどの大毒《だいどく》を、見やう《ヨオ》などと言《い》ふ《ウ》ことがあるものか。

＊シテの太郎冠者の「さりながら～そと空《あ》けてみやう《みヨオ》」と、次の小アドの次郎冠者の「いかにさう《ソオ》あればとて～あるものか」の部分は、演者の判断によって省略する場合があります。前後の台詞を確認すればわかりますが、省略しても話のつながりには問題が生じません。

〈25〉**そと**　ちょっと、少し。または、こっそりと。

〈26〉**ここな者**　ここにいる者、という意味だが、相手を見下す意を含む。

〈27〉**気の毒**　気がかりで、いやだと思うこと。附子が大毒とされていることにかけた表現か。

〈28〉**いづれもが**　誰かが。

だ』とお尋ねになったとき、屋敷の中にいながら『知らない』とは言えないだろう。幸いにして、お留守だ。ちょっと空けてみよう。）

次郎冠者「例えそうであったとしても、あちらの方から吹く風に当たってさえ、命を落とすほどの大変な毒を、見ようなどということがあるものか。

〈29〉**げな**　…そうな、…らしい、…ようだ。「げな」は、気配を表わす接尾語「げ」に断定の助動詞「なり」の変化した形が付いてできた助動詞。活用語の終止形に付いて、推測または伝聞の意を表わす。

（シテ）太郎冠者　「それには《ワ》、良《よ》い仕様《しヨオ》がある。

（小アド）次郎冠者　「何《なん》とする。

（シテ）太郎冠者　「あの方《ホオ》から、吹《ふ》く風《かぜ》にさへ《エ》当《あ》たらねば良《よ》いによって、この方《ホオ》から精《せい》を出《だ》して扇《あオ》いで、その隙《ひま》に見やう《ヨオ》。

（小アド）次郎冠者　「身《み》どもは《ワ》同心《どオしん》〈30〉でない。

（シテ）太郎冠者　「そのやう《ヨオ》に言《い》は《ワ》ずとも、扇《あオ》いでくれい。

（小アド）次郎冠者　「扇《あオ》ぐは《ワ》扇《あオ》が《ゴ》う《オ》が、（ああ、）〈＊〉気味《きみ》の悪《わる》いことぢゃ。

＊舞台を移動する際の都合により、演者の判断で言ったり言わなかったりします。言う場合にも、特にどのくらいの長さで言うかについて決まりはあ

太郎冠者　「それには、良いやり方がある。

次郎冠者　「どうするのだ。

太郎冠者　「あちらの方から、吹く風にさえ当たらなければ良いのだから、こちらの方から精を出して扇いで、その隙に見よう。

次郎冠者　「私はお前と同じ考えではない。

太郎冠者　「そのようなことを言わずに、扇いでくれ。

次郎冠者　「扇ぐには扇ぐことにしようが、（ああ、）気味の悪いことだ。

りません。感動詞は演者の裁量にゆだねられていることが多く、即興的です。

（シテ）太郎冠者「〈＊〉さあさあ。扇《あお》げ、扇《あお》げ。

＊太郎冠者（シテ）「煽《あお》げ煽《あお》げ」に対して、次郎冠者（小アド）「煽《あお》ぐぞ、煽《あお》ぐぞ」と応じるやりとりの回数は特に決まりがなく、「見計らい」の部分です。演者の裁量で太郎冠者（シテ）が「そりゃ」と言うまで続けます。

（小アド）次郎冠者「扇《あお》ぐぞ、扇《あお》ぐぞ。

（シテ）太郎冠者「扇《あお》げ、扇《あお》げ。

（小アド）次郎冠者「扇《あお》ぐぞ、扇《あお》ぐぞ。

〈30〉**同心**　同じ考えを持つこと。同意すること。

太郎冠者「さあさあ。扇げ、扇げ。

次郎冠者「扇ぐぞ、扇ぐぞ。

太郎冠者「扇げ、扇げ。

次郎冠者「扇ぐぞ、扇ぐぞ。

扇《あオ》げ、扇《あオ》げ。

扇《あオ》ぐぞ、扇《あオ》ぐぞ。

（シテ）太郎冠者「そりゃ。

（小アド）次郎冠者「何《なん》とした。

（シテ）太郎冠者「まづ紐《ひも》を解《と》いた。汝《なんぢ》、行《い》て〈31〉蓋《ふた》を取れ。

（小アド）次郎冠者「いかな、いかな。あのやうな《ヨオ》毒《どく》の側《そば》へ行《ゆ》くことは嫌《いや》ぢゃ。

（シテ）太郎冠者「それならば、また身《み》どもが行《ゆ》かう《コオ》ほどに、扇《あお》いでくれい。

太郎冠者「そりゃ。

次郎冠者「どうした。

太郎冠者「まず紐を解いた。お前、行って蓋を取ってくれ。

次郎冠者「どうしても、どうしても。あのような毒の側へ行くのはいやだ。

太郎冠者「それならば、また私が行こうと思うから、扇いでくれ。

〈31〉**行て**　「行って」の促音が略されたもの。

扇《あオ》げ、扇《あオ》げ。

扇《あオ》ぐぞ、扇《あオ》ぐぞ。

次郎冠者（小アド）「心得《こころえ》た。

太郎冠者（シテ）「〈＊〉（さあさあ。）扇《あオ》げ、扇《あオ》げ。

＊ここも「見計らい」の部分です。演者の裁量で太郎冠者（シテ）が「そりゃ」と言うまで続けます。

次郎冠者（小アド）「扇《あオ》ぐぞ、扇《あオ》ぐぞ。

太郎冠者（シテ）「扇《あオ》げ、扇《あオ》げ。

次郎冠者（小アド）「扇《あオ》ぐぞ、扇《あオ》ぐぞ。

太郎冠者（シテ）「そりゃ。

次郎冠者「わかった。

太郎冠者「（さあさあ。）扇げ、扇げ。

次郎冠者「扇ぐぞ、扇ぐぞ。

太郎冠者「扇げ、扇げ。

次郎冠者「扇ぐぞ、扇ぐぞ。

太郎冠者「そりゃ。

まづ蓋《ふた》を取《と》った。

何《なん》とした。

次郎冠者（小アド）「何《なん》とした。

太郎冠者（シテ）「まづ蓋《ふた》を取《と》った。生《い》き物《もの》ならば、取《と》っても出《ジ》やう《ョオ》〈32〉が、生《い》き物《もの》でないやら、〈33〉取《と》っても出《で》ぬは《ワ》。

次郎冠者（小アド）「いやいや、『業《わざ》をするものは《ワ》必《かなら》ず黙《だま》る』〈34〉と言《い》ふ《ウ》ほどに油断《ゆだん》をするな。

太郎冠者（シテ）「ついでに〈35〉見《み》て来《コ》う《オ》。〈36〉

次郎冠者（小アド）「また行《ゆ》くか。

太郎冠者（シテ）「さあさあ。扇《あオ》げ、扇《あオ》げ。

次郎冠者「どうした。

太郎冠者「まず蓋を取った。生き物ならば、飛び出て来るだろうが、生き物でないのか、取っても出ないぞ。

次郎冠者「いやいや、『（一般に）悪さをするものは必ず黙る』と言うのだから、油断をするな。

太郎冠者「次には見て来よう。

次郎冠者「また行くのか。

太郎冠者「さあさあ。扇げ、扇げ。

(小アド)次郎冠者　「扇《あオ》ぐぞ、扇《あオ》ぐぞ。

(シテ)太郎冠者　「扇《あオ》げ、扇《あオ》げ。

(小アド)次郎冠者　「扇《あオ》ぐぞ、扇《あオ》ぐぞ。

(シテ)太郎冠者〈*〉「扇《あオ》がぬかいやい。

(小アド)次郎冠者　「扇《あオ》いでいるわいやい。

次郎冠者　「扇ぐぞ、扇ぐぞ。

太郎冠者　「扇げ、扇げ。

次郎冠者　「扇ぐぞ、扇ぐぞ。

太郎冠者　「扇がないか、というのに。

次郎冠者　「扇いでいる、というのに。

〈32〉**取っても出やう**　「出やう」を強めた言い方。飛び出るだろう。『狂言六義』「ふっとでう」。

〈33〉**やら**　…か。不確実の意を表わす副助詞。

〈34〉**業をするものは必ず黙る**　悪いことをする者は、必ず黙る。このような成句が、当時、あったのだろう。

〈35〉**ついでに**　引き続いて。次に。動詞「つぐ(次)」の連用形に助詞「て」の付いた「つぎて」の変化してできた接続詞。

〈36〉**来う**　来るつもりである、来よう。カ変動詞「く(来)」に意志・推量の助動詞「む」の変化した「う」が付いたもの。

扇《あオ》げ、扇《あオ》げ。

扇《あオ》ぐぞ、扇《あオ》ぐぞ。

*附子に近づかずに遠くから恐る恐る扇ぐ次郎冠者《小アド》に対して、太郎冠者《シテ》が「扇《あお》がぬかいやい。」と駄目出しし、次郎冠者《小アド》「扇《あお》いでいるわいやい」と返すやりとりは、舞台によってやる場合とやらない場合があります。やる場合には、この前の部分で太郎冠者《シテ》が「扇《あお》げ、扇《あお》げ。」と言い、これに次郎冠者《小アド》が「扇《あお》ぐぞ、扇《あお》ぐぞ。」と応じるやりとりの回数は二回です。ここは回数が決まっています。

太郎冠者《シテ》「〈*〉さあさあ。扇《あお》げ、扇《あお》げ。

*ここから「見計らい」の部分です。演者の裁量で太郎冠者《シテ》が「そりゃ」と言うまで続けます。

次郎冠者《小アド》「扇《あお》ぐぞ、扇《あお》ぐぞ。

太郎冠者《シテ》「扇《あお》げ、扇《あお》げ。

次郎冠者《小アド》「扇《あお》ぐぞ、扇《あお》ぐぞ。

太郎冠者「さあさあ。扇げ、扇げ。

次郎冠者「扇ぐぞ、扇ぐぞ。

太郎冠者「扇げ、扇げ。

次郎冠者「扇ぐぞ、扇ぐぞ。

（シテ）太郎冠者「そりゃ。見《み》たぞ、見《み》たぞ。

（小アド）次郎冠者「何《なん》であった。

（シテ）太郎冠者「何《なに》かは知《ワし》らぬが、黒《くろ》いものが一《ひと》かたまり、どんみりと〈37〉あるが、まづは《ワ》、美味《ンまソオ》さうなものぢゃ。

（小アド）次郎冠者「いや、ここな者《もの》が、あのやう《ヨオ》な大毒《だいどく》を、美味《ンまソオ》さうなと言《い》ふ《ウ》ことがあるものか。

（シテ）太郎冠者「身《み》どもは《ワ》、あれを食《く》ふ《ウ》てみやう《ヨオ》と思《おもオ》ふが、何《なん》とあ

太郎冠者「そりゃ。見たぞ、見たぞ。

次郎冠者「何だった。

太郎冠者「何かは知らないけれど、黒いものが一かたまり、どんよりとしてあるが、大体、美味そうなものだ。

次郎冠者「いや、お前、あのような大変な毒を、美味そうな、などと言うことがあるものか。

太郎冠者「私は、あれを食ってみようと思うのだが、どうだろう。

〈37〉**どんみりと**　どんよりと濁った様子を表現するか。現行の大蔵流の台詞も同じ。和泉流の天理本『狂言六義』では「どんどりと」。小林千草「狂言台本におけるオノマトペ維持と変容：各流、各時代の状況分析」『湘南文学』五二号、二〇一七年三月、参照。

らう《ロオ》。

(小アド)次郎冠者 「そちは気《き》が違《ちが》ひ《イ》は《ワ》せぬか。

(シテ)太郎冠者 「いや気《き》も違《ちが》は《ワ》ぬが、あの附子《ぶす》に領《リョオ》ぜられたやら、〈38〉いかう《コオ》〈39〉食《く》ひ《イ》たう《トオ》なった。ちょっと行《い》て食《く》ふ《ウ》て来う《コオ》。

(小アド)次郎冠者 「ああ、まづ待《ま》て、まづ待《ま》て。

(シテ)太郎冠者 「何《なん》と待《ま》てとは《ワ》。

(小アド)次郎冠者 「身《み》どもがいるからは《ワ》、やることはならぬ。

(シテ)太郎冠者 「さう《ソオ》言《い》は《ワ》ずとも、ここを放《はな》してくれい。

次郎冠者 「お前は正気ではなくなったのではないか。

太郎冠者 「いや、正気でなくなったわけではないが、あの附子に取りつかれでもしたのか、とにかく食べたくなった。ちょっと行って食べて来よう。

次郎冠者 「ああ、とにかく待つんだ、とにかく待つんだ。

太郎冠者 「どうして待てというのか。

次郎冠者 「私がいるからは、食べるのは駄目だ。

太郎冠者 「そう言わずに、ここを放してくれ。

（小アド）次郎冠者「いかな、いかな。放《はな》すことは《ワ》ならぬ。」

（シテ）太郎冠者「放《はな》せ、放《はな》せ。」

（小アド）次郎冠者「ならぬ《ン》ぞ、ならぬ《ン》ぞ。」

（シテ）太郎冠者「名残《なごり》の袖《そで》〈40〉を振《ふ》り切《き》りて。附子《ぶす》の側《そば》へ《エ》ぞ歩《あゆ》み行《ゆ》く。」

次郎冠者「どうしても、どうしても。放すことはできない。」

太郎冠者「放せ、放せ。」

次郎冠者「駄目だぞ、駄目だぞ。」

太郎冠者「別れを惜しんで引き留めようとする袖を振り切って。附子の側に歩み行く。

〈38〉**領ぜられた**　取りつかれた。魅入られた。

〈39〉**いかう**　一向。ひたすら。

〈40〉**名残の袖**　別れを惜しむことを例えて言う言葉。心残りの別れ際に、引き留めようとする袖を振り切ることから。永正十五年（一五一八）に成立した歌謡集である『閑吟集《かんぎんしゅう》』や狂言「花子《はなご》」に見える「名残の袖を振り切り　さて往《い》なうずよなふ　吹き上げの真砂の数　さらばなふ」「名残の尽きない袖を振り切って、さあ帰ろうか、風が吹き上げる砂浜の砂の数ほど、お前のことが愛おしい。それでは」（『閑吟集』）という小歌《こうた》を踏まえた表現。和泉流において、狂言「花子」は、「抜《ひら》き物」と呼ばれる大曲の中でも、特に一番最後の大曲として位置づけられている。あらすじは、太郎冠者に座禅衾《ざぜんぶすま》をかぶせて身代わりにした上で、座禅をするという口実で妻の目を逃れ、愛人の花子に逢いに行く。男は帰宅すると、太郎冠者を相手にしていると思って、愛人とのことや、妻の愚痴などを語るが、座禅衾の中には妻がいて、さんざんに叱られるというもので、後半、小歌が多く登場する。

名残《なごり》の袖《そで》を振《ふ》り切《き》りて。
附子《ぶす》の側《そば》へ《エ》ぞ歩《あゆ》み行《ゆ》く。

ならぬ《ン》ぞ、ならぬ《ン》ぞ。

（小アド）次郎冠者「あれあれ。附子《ぶす》を食《く》ひをるさうな《ソオ》。滅却《めっきゃく》しをらねばよいが。

（シテ）太郎冠者「ああ。

（小アド）次郎冠者「さればこそ〈41〉滅却《めっきゃく》しをった。やいやい、太郎冠者《たロオかじゃ》、何《なん》とした、何《なん》とした。

（シテ）太郎冠者「誰《たれ》ぢゃ。

（小アド）次郎冠者「次郎冠者《じロオかじゃ》ぢゃが何《なん》とした。

（シテ）太郎冠者「砂糖《さトオ》ぢゃ。

次郎冠者「あれあれ。附子を食べるようだ。命を落とさなければ良いが。

太郎冠者「ああ。

次郎冠者「やっぱり命を落とした。おいおい、太郎冠者、どうした、どうした。

太郎冠者「誰だ。

次郎冠者「次郎冠者だがどうした。

太郎冠者「砂糖だ。

次郎冠者(小アド)「何《なん》ぢゃ、砂糖《さトオ》ぢゃ。

太郎冠者(シテ)「まづ、食《く》ふ《ウ》てみよ。

次郎冠者(小アド)「どれどれ。真《まこと》に砂糖《さトオ》ぢゃ。

太郎冠者(シテ)「これを食《く》は《ワ》すまいと思《おも》ふ《オ》て。附子《ぶす》ぢゃの毒《どく》ぢゃのとおしゃった。〈42〉

次郎冠者(小アド)「その通《とお》りぢゃ。

次郎冠者「何だ、砂糖だって。

太郎冠者「まずは、食べてみな。

次郎冠者「どれどれ。本当に砂糖だ。

太郎冠者「これを私たちに食わせまいと思って。附子だの毒だのとおっしゃったのだ。

次郎冠者「その通りだ。

〈41〉**さればこそ**　やはりそうだったよ。だからこそ。予想が的中したときなどに発する語。

〈42〉**おしゃった**　おっしゃった、言われた。「いう（言）」の尊敬語で、「おほ（仰）せある」が変化した形。「仰せらるる」よりは敬意が低い表現。

あれあれ。
附子《ぶす》を食《く》ひ《イ》をるさう《ソオ》な。
滅却《めっきゃく》しをらねばよいが。

（シテ）太郎冠者「〈＊〉さてもさても、美味《ンま》いことぢゃ。このやう《ヨオ》な美味《ンま》い物《もの》はつひ《イ》に食《く》ふ《ウ》たことが（ない。）

＊ここからは二人は葛桶を奪い合いながら交互に砂糖を食べる場面です。台詞の末尾の部分で、葛桶が自分の手元になく、相手に取り上げられたことに気がつくので、台詞を最後まで言わないことが多いです。

（小アド）次郎冠者「さてもさても、美味《ンま》いことぢゃ。このやう《ヨオ》な美味《ンま》い物《もの》はつひ《イ》に食《く》ふ《ウ》たことが（ない。）

（シテ）太郎冠者「なかなか。〈43〉口《くち》のはなさるることでは（ない。）

（小アド）次郎冠者「食《く》へ《エ》ば食《く》ふ《ウ》ほど、美味《ンま》いこと（ぢゃ。）

（シテ）太郎冠者「〈＊〉これはいかなこと。（さてさて、美味《ンま》いことぢゃ。）

太郎冠者「それにしても何と美味いことだ。このようなうまいものはいまだかつて食べたことが（ない。）

次郎冠者「それにしても何と美味いことだ。このような美味いものはいまだかつて食べたことが（ない。）

太郎冠者「確かに。（食べるのが止まらなくて）口が砂糖から離すこと（ができない。）

次郎冠者「食べれば食べるほど、美味いこと（だ。）

太郎冠者「これはどうしたことだろう。（それにしても、美味いことだ。）

＊この箇所の二人の台詞は、アドリブ的要素が強いです。

（小アド）次郎冠者　「おぬしばかり食《くワ》はずとも、身《み》どもにも食《くワ》はせ。

（シテ）太郎冠者　「等分《とオぶん》にせい。等分《とオぶん》にせい。

（小アド）次郎冠者　「心得《こころえ》た。

（シテ）太郎冠者／（小アド）次郎冠者　「〈＊〉さてもさても、美味《ンま》いことぢゃ。

＊ここは太郎冠者（シテ）と次郎冠者（小アド）が、それぞれ夢中になって砂糖を食べる場面です。二人は、この四つの台詞から、自由にどれでも一つずつ選んで交互に言います。ただし、同じ台詞を相手に返してはならないことになっています。徐々に応答の速度を上げて行き、太郎冠者（シテ）が箸に見立てた扇で葛桶の

次郎冠者　「お前ばかり食べていないで、私にも食べさせろ。

太郎冠者　「同じ量にしろ。同じ量にしろ。

次郎冠者　「わかった。

太郎冠者／次郎冠者　「それにしても、美味いことだ。

〈43〉**なかなか**　いかにも、さよう。謡曲や狂言で、相手の言葉を肯定するときに用いる。

おぬしばかり食《くワ》はずとも、
身《み》どもにも食《くワ》はせ。

等分《とオぶん》にせい。
等分《とオぶん》にせい。

底を突いて音をさせたら終わりとなります。回数に決まりがあるわけではなく、演者の裁量によって決めます。

（シテ）太郎冠者／（小アド）次郎冠者「食《く》へ《エ》ば食《く》ふ《ウ》ほど、美味《ン》い《ま》ことぢゃ。

（シテ）太郎冠者／（小アド）次郎冠者「このやう《ヨオ》な物《もの》は食《く》ふ《ウ》たことがない。

（シテ）太郎冠者／（小アド）次郎冠者「口《くち》のはなさるることではない。

（シテ）太郎冠者「ほ。こりゃ皆《みな》食《く》ふ《ウ》た。

（小アド）次郎冠者「身《み》どもも皆《みな》食《く》ふ《ウ》た。

（シテ）太郎冠者「お。良《よ》いこと召《め》された。〈44〉

太郎冠者／次郎冠者「食べれば食べるほど、美味いことだ。

太郎冠者／次郎冠者「このような物は食べたことがない。

太郎冠者／次郎冠者「（食べるのが止まらなくて）口が砂糖から離すこと（ができない。）

太郎冠者「ほう。これで、全部、食べたぞ。

次郎冠者「私も、全部食べた。

太郎冠者「おお。良いことをなさった。

次郎冠者（小アド）「何《なん》と。

太郎冠者（シテ）「これを食《く》は《ワ》すまいと思《おも》ふ《オ》て、附子《ぶす》ぢゃの毒《どく》ぢゃのとおしゃったものを、このや《ヨ》う《オ》に皆食《みなく》ふ《ウ》て、お帰《かエ》りなさるると、真直《まっすぐ》〈45〉に申《もオ》し上《あ》ぐるぞ。

次郎冠者（小アド）「さてさて、そなたは聞《き》こへ《エ》ぬこと〈46〉を言《い》ふ《ウ》、それぢゃによって、措《お》〈47〉けと言《い》ふ《ウ》ものを、無理《むり》にといふ《ウ》て、紐《ひも》を解《と》いて食《く》ひ《イ》初《そ》めたは汝《なんぢ》ではないか。身《み》どもは知《し》らぬ。お帰《かエ》りなされたらば、真直《まっすぐ》に申《モオ》し上《あ》ぐるぞ。

次郎冠者「どうして。

太郎冠者「これを食べさせまいと思って、附子だの毒だのとおっしゃったというのに、このように全部食べてしまって。お帰りになったら、正直に申し上げるぞ。

次郎冠者「それにしても、お前はわけのわからないことを言う。それだから、そのままにしておけと言うのに、無理にと言って、紐を解いて食べ初めたのは、お前ではないか。私

〈44〉**召された**　なされた。「する（為）」の尊敬語。
〈45〉**真直に**　正直に、ありのままに、素直に。
〈46〉**聞こへぬこと**　意味がわからないこと。理解できないこと。納得できないこと。中世以降の表現。
〈47〉**措け**　そのままにしておけ。その状態のままでほうっておけ。

（シテ）太郎冠者「ややい、これは戯《ざ》れ言《こと》〈48〉ぢゃ。

（小アド）次郎冠者「して、言《い》ひ《イ》わけは何《なん》とする。

（シテ）太郎冠者「あのお掛物《かけもの》を破《やぶ》れ。

（小アド）次郎冠者「あれを破《やぶ》れば言《い》ひ《イ》わけになるか。

（シテ）太郎冠者「おお、言《い》ひ《イ》わけになる、早《はヨ》う《オ》破《やぶ》れ。

（小アド）次郎冠者「それならば破《やぶ》ら《ロ》う《オ》。

（シテ）太郎冠者「破《やぶ》れ、破《やぶ》れ。

は知らない。お帰りになったら、正直に申し上げるぞ。

太郎冠者「おいおい、これは冗談だ。

次郎冠者「それで、言い訳はどうする。

太郎冠者「あの掛軸を破れ。

次郎冠者「あれを破れば言い訳になるのか。

太郎冠者「おお、言い訳になる、早く破れ。

次郎冠者「それならば破ろう。

太郎冠者「破れ、破れ。

（小アド）次郎冠者　「心得《こころえ》た。ざらり、ざらり。さあ破《やぶ》った。

（シテ）太郎冠者　「ああ、良《よ》いこと召された。

（小アド）次郎冠者　「何《なん》と。

（シテ）太郎冠者　「この附子《ぶす》は、たかが砂糖《さトオ》ぢゃによって、今仰《いまおオ》せつけられても何《なに》ほどでも調《ととのオ》ふが、あのお掛物《かけもの》は、牧谿《もっけい》和尚《おしょオ》〈49〉の墨絵《すみえ》の観音《かんのん》ぢゃといふ《ウ》て、御秘蔵《ごひそオ》なされたものを、あのやう《ヨオ》に破《やぶ》って、お帰《かエ》りなさるると、真直《まっすぐ》に申《モオ》し上《あ》ぐるぞ。

次郎冠者　「わかった。ざらり、ざらり。さあ破った。

太郎冠者　「ああ、良いことをなさった。

次郎冠者　「どうして。

太郎冠者　「この附子については、たかが砂糖なのだから、今、お叱りを受けたとしても何とでも取り繕うことができるが、あのお掛物は、牧谿和尚の墨絵の観音と言って、御秘蔵なさっていたというのに、あのように破ってしまってお帰りになったら、正直に申し上げるぞ。

〈48〉**戯れ言**　冗談、戯れて言う言葉。

（小アド）次郎冠者「いよいよ、聞《き》こえぬことを言《い》ふ《ウ》。あれを破《やぶ》れば言《い》ひ《イ》わけになると言《い》ふ《ウ》たによって破《やぶ》った。身《み》どもは知《し》らぬ。お帰《かエ》りなされたらば、真直《まっすぐ》に申《モオ》し上《あ》ぐるぞ。

（シテ）太郎冠者「ああ、こりゃこりゃ。これも戯《ざ》れ言《こと》ぢゃ。

（小アド）次郎冠者「はて、戯《ざ》れ言《こと》を果《は》たさぬものじゃ。して、言《い》ひ《イ》わけは何《なん》とする。

（シテ）太郎冠者「あの台天目《だいてんもく》〈50〉を打《う》ち割《わ》れ。

（小アド）次郎冠者「あれも身《み》どもに割《わ》らせて、また迷惑《めいわく》をさせう《ショオ》でな。〈51〉

（シテ）太郎冠者「いやいや、今度《こんど》は身《み》どもも手伝《てつだ》は《オ》う《オ》。

次郎冠者「いよいよ、お前はわけのわからないことを言う。あれを破れば言い訳になると言ったので破ったのだ。私は知らない。お帰りになったら、正直に申し上げるぞ。

太郎冠者「ああ、こりゃこりゃ。これも冗談だ。

次郎冠者「はてさて、冗談を言い散らさないことだ。それで、言い訳はどうする。

太郎冠者「あの台に載せた天目茶碗を打ち割れ。

次郎冠者「あれも私に割らせて、また迷惑なことをさせようというのだな。

太郎冠者「いやいや、今度は私も手伝おう。

（小アド）次郎冠者「そちも手《て》伝《つドォ》ふか。」

（シテ）太郎冠者「なかなか。」

次郎冠者「お前も手伝うか。」

太郎冠者「もちろん。」

〈49〉**牧谿《もっけい》**　中国、宋末期から元初期の禅僧画家。生没年不詳。蜀（四川省）の生まれで、主に浙江地方に住んでいた。龍虎、猿鶴、山水、人物などの画を水墨で多く描いた。中国ではあまり高く評価されていないが、日本では特に室町時代以来「和尚絵」と呼ばれて珍重されており、日本の水墨画壇に及ぼした影響も大きい。代表作に、国宝の京都・大徳寺蔵「観音猿鶴図三幅」などがある。

〈50〉**台天目**　台に載せた天目茶碗のこと。天目茶碗を割るということは、「天正狂言本」にも見え（「解説」、参照）、天理本『狂言六義』、虎明本も「台天目」を割ると見える。「祝本狂言集」では「けんざん（建盞）」を割るが、これも天目茶椀のこと。

〈51〉**でな**　断定の助動詞「だ」の連用形「で」に、終助詞または間投助詞「な」の付いたもの。…というのだな、…しようというつもりだな、と相手の意図をとがめる意味を含む。

上　伝・牧谿筆「布袋図」（中国・南宋～元時代・十三世紀）九州国立博物館蔵　colbase
下　台天目「油滴白縁天目碗附螺鈿天目台一個」（十一世紀）京都国立博物館蔵　colbase

（小アド）次郎冠者「それならば割《わ》ら《ロ》う《オ》。さあさあ、持《も》て、持《も》て。

（シテ）太郎冠者「心《こころ》得《え》た。

（小アド）次郎冠者「良《よ》いか。

（シテ）太郎冠者「良《よ》いぞ。

（小アド）次郎冠者「ぐわらり。

（シテ）太郎冠者「ちん。〈52〉

（小アド）次郎冠者「数《かず》が多《お》う《オ》なった。

次郎冠者「それならば割ろう。さあさあ、持て、持て。

太郎冠者「わかった。

次郎冠者「良いか。

太郎冠者「良いぞ。

次郎冠者「がらり。

太郎冠者「ちん。

次郎冠者「数が多くなった。

太郎冠者（シテ）「微塵《みぢん》になった。

太郎冠者（シテ）・次郎冠者（小アド）《笑う》

次郎冠者（小アド）「して、言《い》ひ《イ》わけは何《なん》とする。

太郎冠者（シテ）「お帰《かエ》りなされたらば、泣《な》いていよ。

次郎冠者（小アド）「泣《な》いていれば、言《い》ひ《イ》わけになるか。

太郎冠者（シテ）「そのあとは身《み》どもに任《まか》せておけ。まづ、これへ《エ》

太郎冠者「微塵になった。

太郎冠者・次郎冠者《笑う》

次郎冠者「それで、言い訳はどうする。

太郎冠者「お帰りになったら、泣いていろ。

次郎冠者「泣いていれば、言い訳になるのか。

太郎冠者「そのあとは私に任せておけ。まず、こちらへ

〈52〉**ぐわらり　ちん**　次郎冠者の「ぐわらり」は、台天目の台が割れる音。太郎冠者の「ちん」は天目茶碗が割れる音。和泉家古本『六議』では、台天目が割れる音を「びっしゃり」と表現する。

微《み》塵《ぢん》になった。

数《かず》が多《お》う《オ》なった。

寄《よ》っていよ。

（小アド）次郎冠者「心得《こころえ》た。

（アド）主「ただ今《いま》、帰《かエ》ってござる。さぞ、両人《りョオにん》の者《もの》が待《ま》ちかねているでござらう《ロオ》。やいやい。戻《もど》ったぞ、戻《もど》ったぞ。

（シテ）太郎冠者「そりゃ、お帰《かエ》りなされた。泣《な》け、泣《な》け。

（シテ）太郎冠者・（小アド）次郎冠者「《泣く》

（アド）主「戻《もど》ったぞ、戻《もど》ったぞ。これはいかなこと。にわかに落涙《らくるい》の体《てい》〈53〉ぢゃが何事《なにごと》じゃ。

寄って座っていろ。

次郎冠者「わかった。

主「ただ今、帰って参りました。さぞ、二人の者が待ちかねていることでございましょう。おいおい。戻ったぞ、戻ったぞ。

太郎冠者「さあ、お帰りになった。泣け、泣け。

太郎冠者・次郎冠者「《泣く》

主「戻ったぞ、戻ったぞ。これはどうしたことだ。急に涙を流している様子だが、何事だ。

太郎冠者「次郎冠者、申し上げろ。

（シテ）太郎冠者「次郎冠者《じロオかじゃ》、申し上《あ》げい。
（小アド）次郎冠者「太郎冠者《たロオかじゃ》、申し上《あ》げい。
（アド）主「心許《こころもと》ない。〈54〉何事《なにごと》ぢゃ。
（シテ）太郎冠者「さればのことでござる。大事《だいじ》のお留守《るす》ぢゃ、眠《ねむ》るまいと存《ぞん》じて、次郎冠者《じロオかじゃ》と相撲《すモオ》を取ってござれば、次郎冠者《じロオかじゃ》は手取《てど》り〈55〉なり。私《わたくし》の小股《こまた》を取って、こかさ《ソ》う《オ》と〈56〉致《いた》いたを、こけまいと存《ぞん》じて、あのお掛物《かけもの》に取《と》りつきましたれば。あのやう《ヨオ》に。

次郎冠者「太郎冠者、申し上げろ。

主「じれったい。何事だ。

太郎冠者「そういうことであればでございます。大事なお留守番でございますし、眠らないようにと思って、次郎冠者と相撲を取っておりましたが、次郎冠者は相撲の技が巧みです。私の小股を取って、転ばそうと致したのを、転ぶまいと思って、あのお掛物に取りつきましたならば。あのように。

〈53〉**落涙の体**　涙を落として泣いている様子。
〈54〉**心許ない**　じれったい。気持ちがあせって落ち着かない。
〈55〉**手取り**　相撲の技の巧みなこと。また、その人。
〈56〉**こかさう**　転倒さようと。

そりゃ、
お帰《かエ》りなされた。
泣《な》け、泣《な》け。

（シテ）太郎冠者・（小アド）次郎冠者「破《やぶ》れました。《泣く》

（アド）主「これはいかなこと。秘蔵《ひゾオ》の掛物《かけもの》を破《やぶ》りを《オ》った。

（小アド）次郎冠者「かへ《エ》すさまに、〈57〉台天目《だいてんもく》の上《うエ》へ、ほう《オ》ど〈58〉投《な》げつけられましたれば、あのように、

（シテ）太郎冠者・（小アド）次郎冠者「微塵《みぢん》になりました。《泣く》

（アド）主「台天目《だいてんもく》まで打《う》ち割《わ》った。おのれら、生《い》けておくことではないぞ。

（シテ）太郎冠者「数々《かずかず》のお道《ドオ》具《ぐ》を損《そこ》なひ《イ》まして。とても生《い》けてはおかせられまい。附子《ぶす》を食《く》ふ《ウ》て死《し》な《ノ》う《オ》と存《ぞん》じて、皆《みな》食《く》

太郎冠者・次郎冠者「破れました。《泣く》

主「これはどうしたことだ。秘蔵の掛軸を破りおった。

次郎冠者「引き返そうとした途端に、台天目の上へ、ぽんと投げつけられましたらば、あのように、

太郎冠者・次郎冠者「微塵になりました。《泣く》

主「台天目まで打ち割った。おのれら、生きていられることではないぞ。

太郎冠者「数々のお道具を壊しまして、とても生きていられることではあるまい。（猛毒とおっしゃっていた）附子を食べて死の

ひ《イ》ましたれども、なあ、次郎冠者《じロオかじゃ》。

(小アド)次郎冠者 「おお。

(シテ)太郎冠者・(小アド)次郎冠者 「まだ死《し》にませぬ。《泣く》

(アド)主 「南無三宝《なむさんぼオ》〈59〉。附子《ぶす》まで食《く》ひ《イ》を《オ》った。おのれら今《いま》の間《ま》に滅却《めっきゃく》しを《オ》ら《ロ》う《オ》ぞ。

(シテ)太郎冠者 「一口食《ひとくちく》へ《エ》ども、死《し》なれもせず。

うと思いまして、全て食べましたけれども、なあ、次郎冠者。

次郎冠者 「おお。

太郎冠者・次郎冠者 「まだ死にませぬ。《泣く》

主 「何と言うことだ。附子まで食いおった。貴様等、今にも命を落とすだろうよ。

太郎冠者 「一口食べても、死ぬことができず。

〈57〉**かへすさまに** かえす、ちょうどそのときに。

〈58〉**ほうど** ぽんと。勢いよく物を投げたり、突いたり、飛んだりするさまを表わす語。

〈59〉**南無三宝** しまった、なむさん。

一口《ひとくち》食《く》へ《エ》ども、
死《し》なれもせず。
二口《ふたくち》食《く》へ《エ》ど、
まだ死《し》なず。

主（アド）「二口《ふたくち》食《く》へ《エ》ど、まだ死《し》なず。

太郎冠者（シテ）「三口《みくち》、四口《よくち》。

次郎冠者（小アド）「五口《いつくち》、六口《むくち》。

太郎冠者（シテ）「十口《とくち》あまり。

太郎冠者・次郎冠者（シテ）（小アド）「皆《みな》になるまで食《く》ふ《ウ》たれども、死《し》なれぬ命《いのち》。めでたさよ。なんぼう《オ》〈60〉頭堅《かしらかた》〈61〉の命《いのち》や。

主（アド）「さてもさても、腹《はら》の立《た》つことかな。がっきめ、〈62〉がっきめ。

太郎冠者・次郎冠者（シテ）（小アド）「ああ、御許《ごゆる》されませ、御許《ごゆる》されませ。

主「二口食べても、まだ死なない。

太郎冠者「三口、四口。

次郎冠者「五口、六口。

太郎冠者「十口以上。

太郎冠者・次郎冠者「全てなくなるまで食べたけれども、死ぬことのできない命。めでたいことよ。何とまあ丈夫な命であることか。

主「それにしても、腹が立つことだな。この野郎、この野郎。

太郎冠者・次郎冠者「ああ、御許しくださいませ、御許しくださいませ。

主（アド）「何《なん》の許《ゆる》せとは。

太郎冠者（シテ）・次郎冠者（小アド）〈＊〉「御許《ごゆる》されませ、御許《ごゆる》されませ。

＊ここから「見計らい」の部分です。どのくらい続けるかは、決まっていません。

主（アド）「あの横着者《オオちゃくもの》〈63〉。やるまいぞ〈64〉、やるまいぞ。

主「許せとは何だ。

太郎冠者・次郎冠者「御許しくださいませ、御許しくださいませ。

主「あの図々しい奴。逃がさないぞ、逃がさないぞ。

〈60〉**なんぼう**　何とまあ、どれほどにも。「なにほど」の変化した形。「なんぼ」とも。

〈61〉**頭堅**　丈夫であること。和泉流の現行の演出では、この直後、主《アド》が「がっきめ、がっきめ」という台詞に合わせて、閉じた扇で太郎冠者と次郎冠者の頭をたたくが、この所作は「頭堅《かしらかた》」という言葉を受けた洒落の意味合いがあろうか。

〈62〉**がっきめ**　この餓鬼め、この野郎。「餓鬼め」の強調形。

〈63〉**横着者**　承知しながら悪事をする者のこと。「横着」は、中世から現れる語で、図々しいこと、ずるいこと、怠けてすべきことをしないさま。

〈64〉**やるまいぞ**　逃がさないぞ、放さないぞ。狂言などの終わりに、しばしば決まり文句のように用いられる。

やるまいぞ、やるまいぞ。

御《ご》許《ゆる》されませ、
御《ご》許《ゆる》されませ。

太郎冠者《（シテ）》・次郎冠者《（小アド）》「御《ご》許《ゆる》されませ、御《ご》許《ゆる》されませ。

主《（アド）》「やるまいぞ、やるまいぞ。

太郎冠者・次郎冠者「御許しくださいませ、御許しくださいませ。

主「逃がさないぞ、逃がさないぞ。

《解説》

狂言「附子《ぶす》」の今昔

「附子」は、主人から毒だといって預けられた附子を、太郎冠者、次郎冠者は、留守の間に、砂糖と知って全部食べてしまう。そして、わざと主人秘蔵の掛物や茶碗を壊し、戻って来た主人に、大事なものを壊した償いに死のうとして附子を食べたが死ねなかったという頓知で主人をやりこめる内容の作品となっています。風に当たっても、命を落とすような毒だと言われていた附子が、実は砂糖であったということを突き止めるまでの場面や、砂糖とわかってそれを夢中になって食べ尽くしてしまう場面、食べ尽くしたあとで、言い訳をどうしようかと思案し合う場面など、太郎冠者と次郎冠者の心象変化の表現は、この作品の見どころの一つと言って良いでしょう。この作品もまた、現代において、しばしば上演される演目の一つで、国語教科書にも取り上げられるなど、よく知られています。この狂言の成立時期も具体的なことはわかっていませんが、最も古い時期の狂言の台本である『天正狂言本』に「ぶすざたう（附《ぶ》子《す》砂《ざ》糖《とう》）」という題名で収録されています。内容は次の通りです。

一、坊主一人出て、二人呼び出す。余所へ行くとて留守に置く。「奥の間に附子がある。開けて見て、死するな」と言ふ。「もっとも」とて居る。二人の者、不審して見る。砂糖を皆、食ふ。さて、絵讃・天目打ち壊す。泣いて居る。坊主来て、これを見て、尋ぬる。台詞。「一口食へども死なれもせず、二口食へども死なれもせず、三口、四口、五口、六口、十口ばかり舐り食へども、死なれぬことこそめでたけれ。」拍子留め。

（現代語訳）

お坊さんが一人出て来て、二人を呼び出す。余《よ》所《そ》へ行くと言って、（この二人に）留守をさせる。「奥の部屋に附子がある。これを開けて見て、死ぬな」と言う。「ごもっとも」と言って座っている。二人の者は、不審に思って（附子を）見る。砂糖を皆、食べる。さて、（その後）絵讃と天目を打ち壊す。泣いている。お坊さんが帰って来て、この様子を見て、尋ねた。台詞。「一口食べても死ねなくて、二口食べても死ねなくて、三口、四口、五口、六口、十口ほど舐めて食べても、死ねないことは実にめでたい。」拍子留め。

ご覧の通り、あらすじは現代のものと、ほとんど同じものです。絵讃と天目を壊すという展開まで重なっています。ただし、この台本では、お芝居のあらすじが、ごく簡単に記されているだけです。太郎冠者と次郎冠者が附子を扇で仰ぐ場面については、特に記載がなく、実際にはどのような舞台であったのか、詳細がわかりづらい部分もあります。その一方で、太郎冠者と次郎冠者に当たる二人が「一口食へども死なれもせず、二口食へども死なれもせず、三口、四口、五口、六口、十口ばかり舐り食へども、死なれぬことこそめでたけれ。」と最後に謡う部分は、しっかりと記されています。そして、実はこの狂言は、もともと、この部分の台詞こそが、肝であったのではないかと考えられています。[01] どういうことかと言いますと、「一……二……三……四……」と数を並べ立てる文句は、古くから呪文として唱えられることがあるのです。病気にかからないように、あるいは悪いことが起こらないようにということで、こうした呪文を唱える風習が、日本全国で報告されています。[02] ですから、この狂言で、太郎冠者と次郎冠者の二人が、命が助かって喜ぶ気持ちから唱えるこうした台詞も、呪力のある特別な言葉と捉えることができ、「死なれぬことこそめでたけれ」ということで、おめでたい、延命、長寿を祈る意味合いのある演目として理解することができましょう。[03]

狂言「附子」に似た説話

ところで、『天正狂言本』の「附子砂糖」の内容をよく見てみると、現行の狂言と大きく異なる点も、指摘することができます。登場人物に「坊主」とあることは大きな違いでしょう。江戸時代初期に記されたと見られる、鴻山文庫蔵「祝本狂言集」では坊主ではなく、「大名」と、その使用人という設定です。現行の狂言も主と使用人ということで、特に坊主と小僧という意識では演じられていませんが、もともとはお寺を舞台とした話であったということになりそうです。このことを踏まえつつ、ご覧いただきたいのが、鎌倉後期の臨済宗の僧、無住《むじゅう》が著わした『沙石集《しゃせきしゅう》』という説話集に収められている次の話です。〈04〉

児《ちご》の飴《あめ》食ひたる事

ある山寺の坊主、慳貪《けんどん》なりけるが、飴を治《ぢ》して、ただ一人食ひけり。よく認《したた》めて、棚に置き置きしけるを、一人ありける小児に食はせずして、「これは人の食ひつれば死ぬる物ぞ」と云ひけるを、この児、「あはれ、食はばや、食はばや」と思ひ

（現代語訳）

稚児が飴《あめ》を食べたこと

ある山寺の坊主は、けちで欲が深かった。飴を作って、これをたった一人で食べていた。よく管理して、度々棚に置いていたのだが、一人の小さな稚児に食べさせずに、「これは人が食べたら死

けるに、坊主、他行の隙《ひま》に、棚より取り下ろしける程に、打ち壊して、小袖にも髪にも付けたりけり。日来、欲しと思ひければ、二、三坏、よくよく食ひて、坊主が秘蔵の水瓶を、雨垂《あまだり》の石に打ち当てて、打ち破りて置きつ。坊主、帰りたりければ、この児、さめほろと泣く。「何事に泣くぞ」と問へば、「大事の御水瓶を、あやまちに打ち破りて候ふ時に、いかなる御勘当かあらむずらむと、口惜しく覚えて、命生きても、よしなしと思ひて、人の食へば死ぬと仰せられ候ふ物を、一坏食へども死なず、二三盃まで食べて候へども大方、死なず。果ては小袖に付け、髪に付けて侍れども、未だ死に候はず」とぞ云ひける。飴は食はれて、水瓶は割られぬ。慳貪の坊主、得る所なし。児の智恵、ゆゆしくこそ。学問の器量も、無下にはあらじかし。

ぬものだぞ」と言ったところ、この稚児は、「ああ、食べたいな、食べたいな」と思ったのだった。そして、坊主が、外出している隙に、棚から取り下ろしたところ、(飴を入れた容器を)打ち壊して、小袖にも髪にも付けたのだった。日頃から、欲しいと思っていたので、二、三坏、よくよく食べて、坊主が秘蔵の水瓶を、雨垂の石に打ち当てて、打ち割って置いた。坊主が帰ったら、この稚児は、さめざめと泣く。「どうして泣くのだ」と(坊主が)尋ねれば、(稚児は)「大事な御水瓶を、誤って打ち壊してしまったときに、どのようなお叱りがあることだろうと、残念に思われ、私の命があっても、仕方がないと思って、人が食べれば死ぬと仰しゃっていたものを、一坏食べても死なず、二、三杯まで食べましたけれども全く死にません。最後には小袖に付け、髪に付けましたたが、まだ死にません」と言った。飴は食べられてしまって、水瓶は割られた。けちな坊主は、得するところがない。児の智恵は、非凡なことである。学問の才能も、劣るわけがないだろう。

狂言「附子」とそっくりな話であることが、おわかりいただけるところでしょう。主な登場人物として坊主が登場している点は『天正狂言本』と重なります。狂言は、「昔物語」や和歌、あるいは故事を元にして創作されることが多かったようだということは既に述べたところですが、この狂言は、こうしたお話を元に創作された可能性が高いと考えられましょう。もっとも、この狂言が直接的に『沙石集』に基づいて作られたのかというと、必ずしも、そういうわけではなさそうです。これによく似た話は、現代でも「飴は毒」という昔話として、民間で語られるところであり、[05]室町時代以前にも、さまざまな形で口頭で語られていた可能性があります。近年、新たに報告された『法師物語絵巻』（仮題）という十四、五世紀に制作されたと見られる絵巻にも、こうした「飴は毒」の話に基づいた場面が描かれています。[06]絵巻の絵

『天正狂言本』「ぶすざたう」能楽研究所蔵

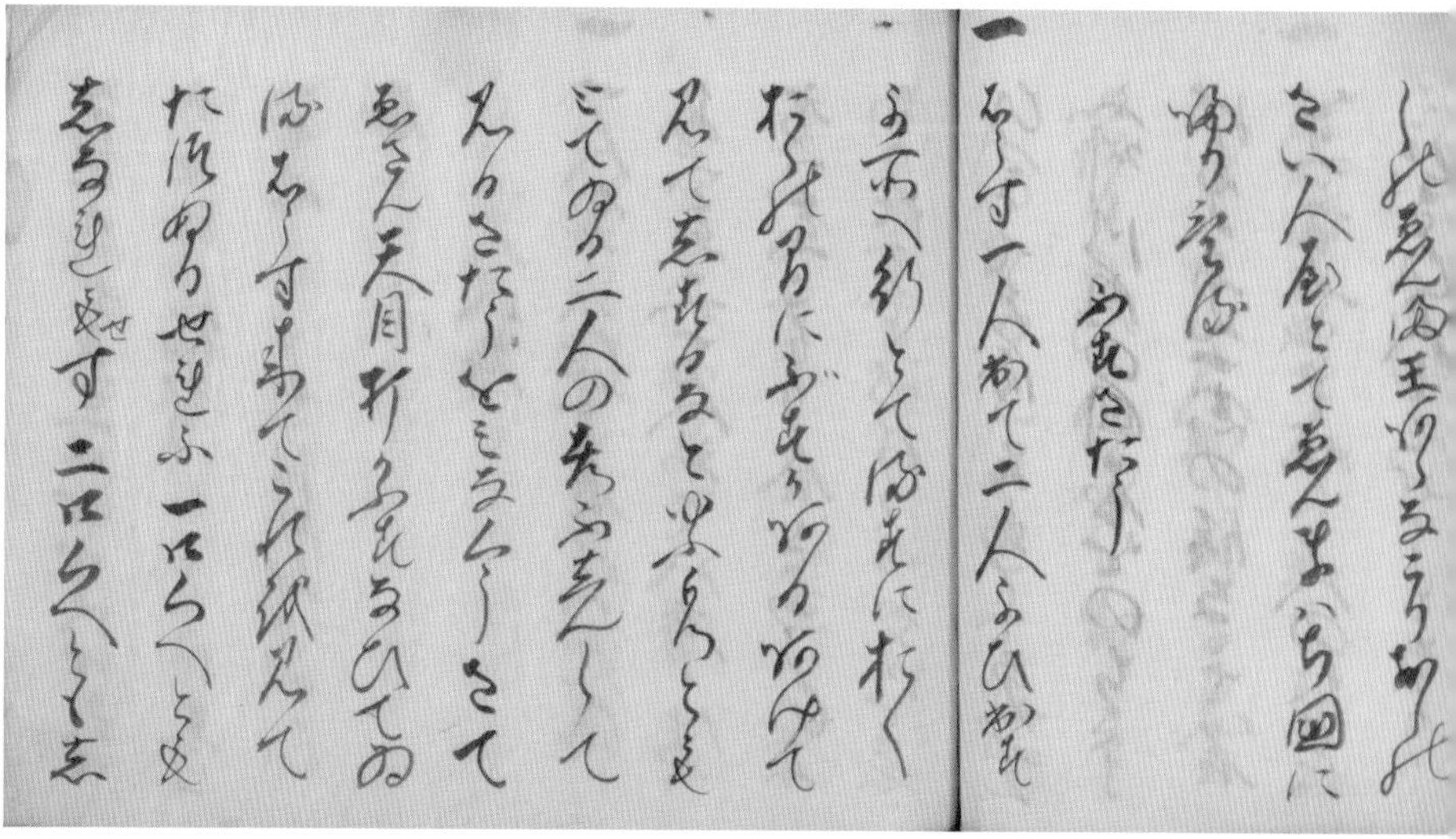

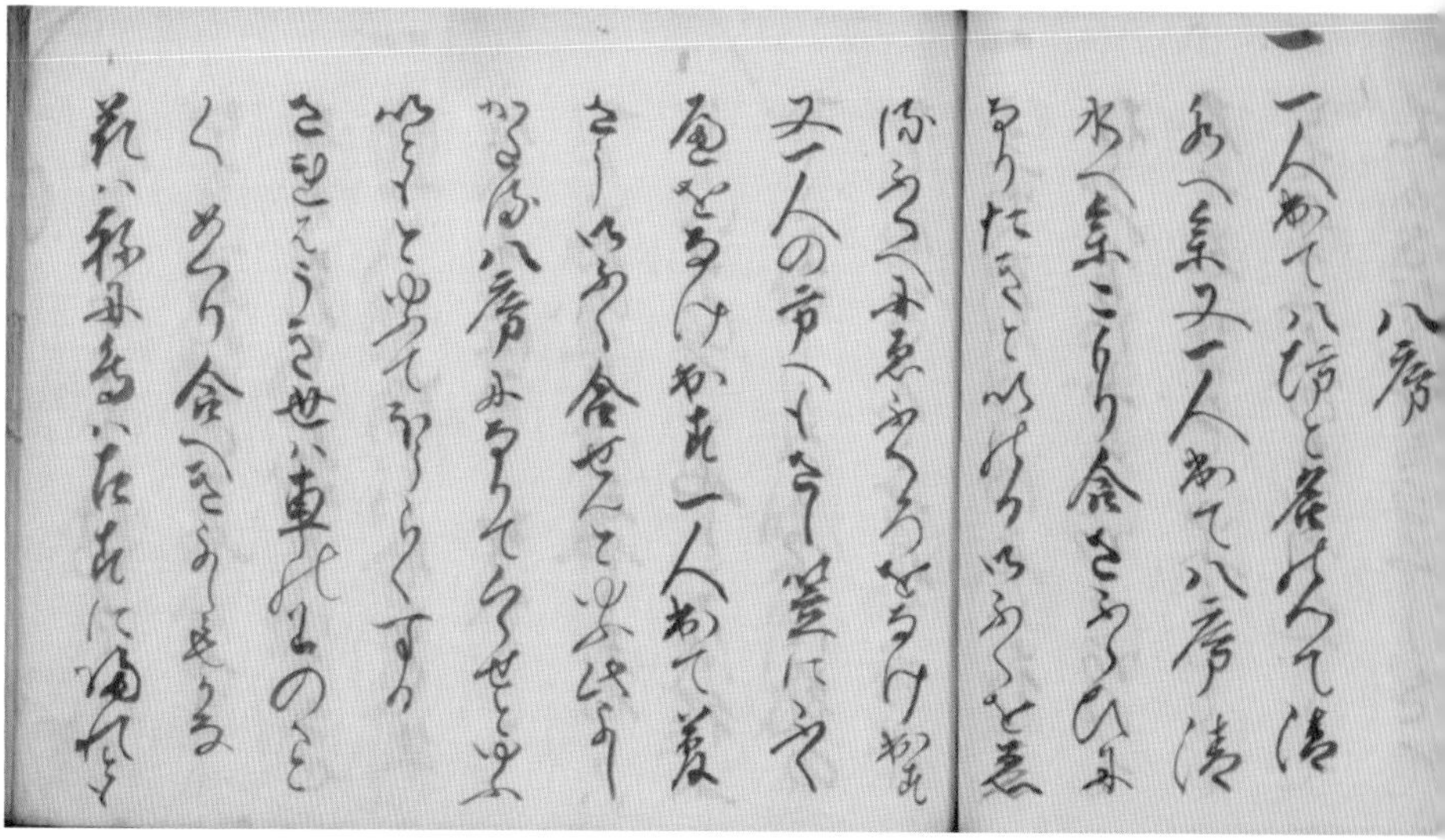

に書き込まれた言葉を読み解いてみると、話の展開は、よく似通っているのですが、坊主は飴のことを附子だと言うのではなく、自分は「かうのこ」というものに「しにくすり（死に薬）」を入れて食べているが、下手な食べ方をすると死んでしまうので、小僧には食べさせないと言っています。「かうのこ」はどんな食べ物か未詳ですが、ともあれ、細かい部分で『沙石集』とは少し違いが見受けられるようです。また、こ

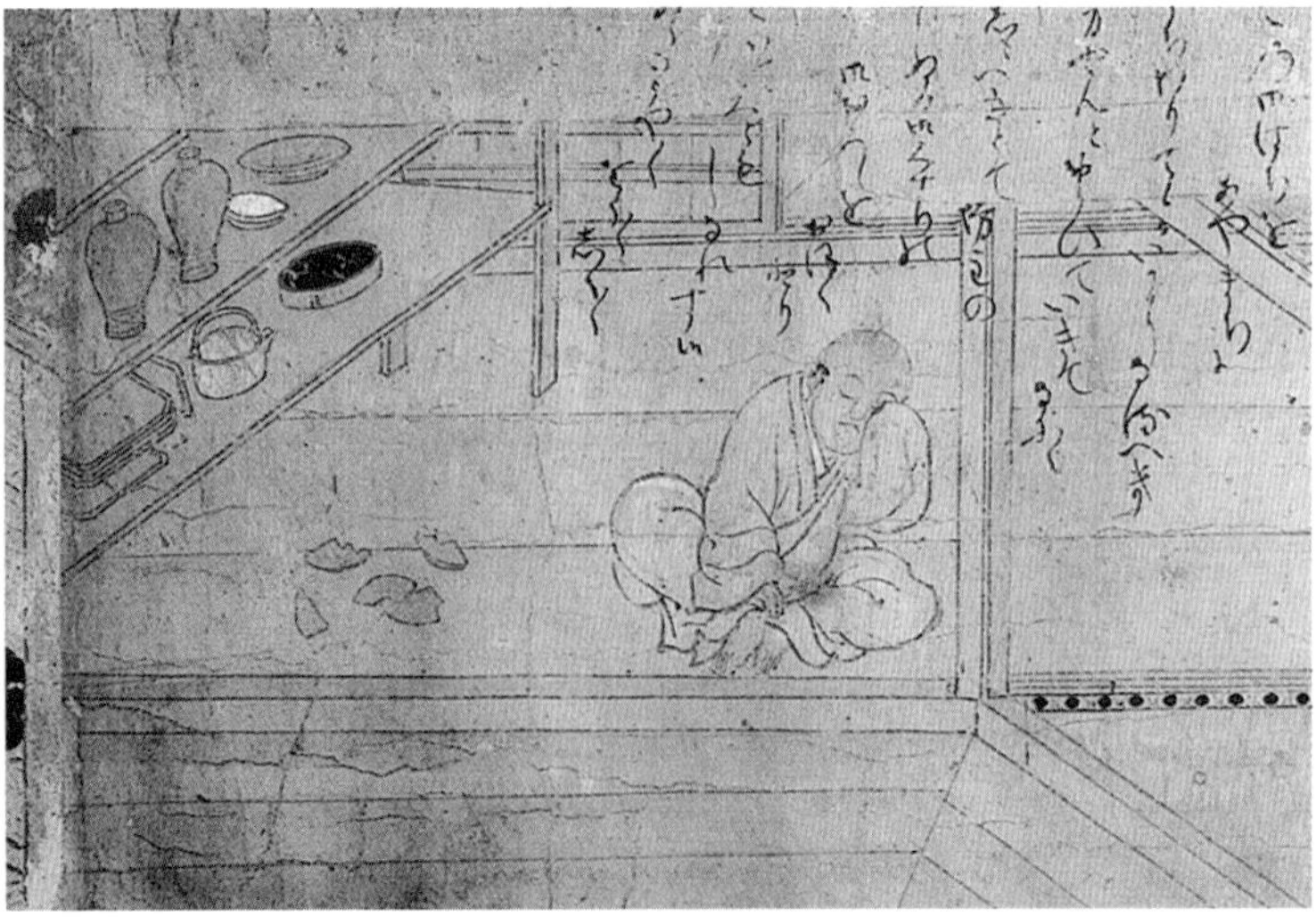

「法師物語絵巻（仮題）」（『別冊太陽 やまと絵：日本絵画の原点』平凡社、二〇一二年九月、一六五頁より）

江戸時代の百科事典『和漢三才図会』巻九十五には、附子についてトリカブトという説明がある。（『和漢三才図会』国会図書館デジタルコレクション）

の他、十七世紀に成立したと見られる『一休諸国物語《いっきゅうしょこくものがたり》』（巻三・第十三話）という作品の中にも、この『沙石集』の話に非常によく似た話があり、一休が十一、三歳の頃にやってのけた頓知の話として収められています。そんなわけで、こうした話は、ある程度のバリエーションをもって語られていたことが想像されます。

敦煌《とんこう》にもあった狂言「附子」の類話

ところで、こうした話は、実は日本だけではなく、世界の各地で語られていたことが、近年の研究で明らかになってきました[07]。その中で、まず注目されるのは、敦煌に残されていた中国の唐代の笑話集『啓顔録《けいがんろく》』巻上に載る次の話です〈08〉。敦煌というのは、今の甘粛省《かんしゅくしょう》敦煌市に当たる地で、前漢の武帝《ぶてい》の時代から、いわゆる、シルクロードの東西交通の要衝《ようしょう》でした。特に鳴沙《めいさ》山にある石窟《せっくつ》から、古写本・彫刻・壁画など古代仏教芸術に関する貴重な資料が多数発見されたことで知られていますが、この笑話集もその一つです。

　かつてある僧が突然、蒸餅を食べたいと思った。そこで、寺の外で数十個の蒸餅を作り、さらに一瓶の蜜を買って手に入れ、部屋でこっそりと食べた。食べ終わり、残った蒸餅は鉢の中に入れ、蜜の瓶は寝台の脚の下に置いた。そして、弟子に語って「私の蒸餅をよく見張って、なくならないようにしなさい。床の底にある瓶の中には、猛毒の薬がある。口にするとその人は死んでしまう。」と言った。この僧はそれから外出した。弟子は僧が立ち去るのを待ったあとで、即座に瓶を取り出して蜜を注ぎ、蒸餅にかけてこれを食べた。そして、たった二個だけの蒸餅が残った。

　僧がやって来てただちに蒸餅と蜜を置いてあったところを探ったが、蒸餅はたった二個だけになり、蜜もまた食べ尽くされているのを認めた。僧は大変怒って「どういうつもりで私の蒸餅と蜜を食べたのか。」と言った。弟子は「和尚が去ったあと、この蒸餅の香りを嗅ぎ、すっかり空腹で堪えられなくなり、ついに取って食べてしまいました。和尚が帰って来てお怒りになるのを恐れて、すぐに瓶の中の毒薬を飲み、死のうと思ったのですが、どういうわけか今のところ何ともありません。」

『狂言絵』「イ十三　ぶす（附子）」国文学研究資料館蔵

と言った。
僧は大変怒って「どうしたら、こんなにあった蒸餅を食べ尽くすことができるのか。」と言った。すると、弟子は鉢の中に二個残された蒸餅を手に取り、続けざまに口に入れて、「このようにして食べたら、すぐになくなってしまったのです。」と答えた。この僧は寝台から降りて大声で怒鳴ると、弟子はすぐに走って逃げて行った。

この作品の成立は貞観《じょうがん》十年（六三六）〜開元《かいげん》十一年（七二三）と考えられているので、かなり古い時代の話です。しかも日本ではなく中国のものですが、これもまた、これまでに紹介してきた話とよく似ています。日本の文化は、例えば漢字が使用されていることからしても、中国の文化の影響を古い時代から

たくさん受けて来ているわけですが、日本の『沙石集』や狂言「附子」などに見られる話もまた、もともとは中国に由来していると考えることができるでしょう。

世界に広がる狂言「附子」の類話

朝鮮半島にも類話が確認できますが、これもまた中国に由来するものでしょう。古い時期の類話としては、朝鮮成宗《ソンジョン》十四年（一四八三）以前に成立した姜希孟《カンヒメン》・編『村談解頤《チョンダムヘイ》』第三話「蕢父毒果」という話が挙げられます。[09]この話もまた、僧と小僧の話となっていますが、僧に毒だと言われつつも、小僧が敢えて食べてしまうのは、飴でも、砂糖でも、蜜でも、あるいは蒸餅でもなくて、柿となっています。この他、朝鮮半島では、「毒の串柿」などとして知られる昔話が、バリエーションをもって、近現代に伝えられていますが、これらもまたよく似た話で、毒があるとされるのはやはり柿です。[10]

ところで、中国から日本や朝鮮半島に伝わったと見られるこうした話が、中国で初めて出来上がったのかというと、必ずしもそうではないのかも知れません。『啓顔録』でも、話はお寺の僧と小僧の話となっていますが、仏教の故郷であるインドにその淵源が求められる可能性は十分にありそうです。[11] インドについてはまだ、具体的に似た話の存在は指摘されていませんが、インドよりもさらに西方のトルコでは『ナスレッディン・ホジャ物語』という笑話集に、類話が指摘されています。[12]

説話の汎世界的な広がりと、狂言「附子」の可能性

中学校や高等学校の古文の授業では、「説話《せつわ》」という言葉を教わると思いますが、「説話」というのは、本来、口頭で語られる「はなし」という程度の意味の言葉です。そして、こうした説話の中には、不思議と世界中に同じようなものがたくさん転がっているのです。説話は、話の内容が極めて理解しやすく、そして記憶しやすいために、宗教、民族の違いに関わらず世界中のあらゆる人に言い伝えられ、至る所に伝わって行く性質を持っているところに一つの大きな特徴があるためです。[13] そして、狂言「附子」は、まさにこうした世界的に流布している説話を元にしていると考えられるわけですが、ここにもまた、この狂言の大きな価値と可能性とを見いだすことができることでしょう。つまり、この説話がユーラシア大陸において、人類が時代と空間、そして言語の違いをも超えて、語り継がれ、共有されてきたという歴史に鑑み

るならば、この狂言は、日本の伝統というだけではなく、人類にとっての文化的伝統を背負っている作品と位置づけることもできるでしょう。また、そうである以上、狂言「附子」は、宗教、文化、民族、あるいは国をも越えて、世界の人びとに受け入れてもらいやすい内容であるはずで、そうした人たちとの対話や交流のきっかけを作ってくれる作品となる可能性さえ、きっと秘めてられているのではないでしょうか。

注

〈01〉金井清光『能と狂言』(明治書院、一九七七年)。

〈02〉浅野健二「数え歌の系譜」(『言語生活』第二六六号、一九七三年十一月)。

〈03〉江戸時代初期に書写されたと目される「祝本狂言集」に載る台本では、その傾向がより強いです。永井猛『狂言変遷考』(三弥井書店、二〇〇二年)、参照。

〈04〉引用は『沙石集〈日本古典文学大系85〉』(岩波書店、一九六六年)に拠ります。ただし、読みやすいように表記を改めました。

〈05〉稲田浩二・編『日本昔話通観』研究編二(同朋舎、一九九八年)。

〈06〉工藤早弓「誌上初公開　ひと口笑話『法師物語絵巻』」(『別冊太陽：やまと絵　日本絵画の原点〈日本のこころ二〇一〉』二〇一二年十月)。

〈07〉岩崎雅彦「狂言「附子」の題材——笑話と教訓譚」(『伝承文学研究』第六十六号、二〇一七年八月)が、このことについて詳しく整理、分析しています。

〈08〉 武藤禎夫『江戸小話の比較研究』(東京堂出版、一九七〇年)、「十返舎一九作小咄と狂言一〇例」に類話という指摘があります。『啓顔録箋注』(中華書局、二〇一四年)に基づいて現代語訳しました。原文は次の通りです。「嘗有二一僧一忽憶二餡喫一。即於寺外作二得数十個餡一。并買二得一瓶蜜一、於房中私食。食訖、残餡留二鉢盂中一、蜜瓶送二床脚下一。語弟子云『好二看我餡一。勿レ使二欠少一、床底瓶中、是極毒薬、喫即殺レ人。』此僧即出。弟子待二僧去一後、即取レ瓶写レ蜜、搵レ餡食レ之。唯残二両個一。僧来即索レ所レ留二餡蜜一、見三餡唯有二両顆一、蜜又喫尽。即大嗔云『何意喫二我餡蜜一。』弟子云『和尚去後、聞二此餡香一、実忍レ饞不レ得、遂即取喫。畏二和尚来嗔一、即服二瓶中毒薬一、望レ得二即死一、不レ謂至レ今平安。』僧大嗔曰『作物生、即喫二尽我汝許餡一。』弟子即以レ手於鉢盂中取二両個残餡一、向レ口連食、報云『只作如レ此喫即尽。』此僧下レ床大叫、弟子因即走去。」

〈09〉 小峯和明・監修、琴栄辰・著『東アジア笑話比較研究』(勉誠出版、二〇一二年)。

〈10〉 柳田国男『日本昔話名彙』(日本放送局、一九七〇年)。また、前掲の岩崎論文を参照。

〈11〉 前掲の武藤論文と、岩崎論文を参照。

〈12〉 護雅夫・訳『ナスレッディン・ホジャ物語――トルコの知恵ばなし〈東洋文庫38〉』(平凡社、一九六五年)に収録されています。類話があることは『日本昔話通観』研究編二に指摘されています。

〈13〉 杉山和也『南方熊楠と説話学』(平凡社、二〇一七年)、参照。

INTERVIEW 野村太一郎に聞く

狂言「柿山伏」について

――太一郎さんは、この演目をどのように捉えていますか？

「柿山伏」というのは、山伏の登場する演目の中でも、狂言師として一番最初に習うことの多い演目なんです。高校生の頃のことになりますが、私もそうでした。「柿山伏」も「附子」も、小学校・中学校・高校で催される芸術鑑賞会などで頻繁に演じるので、ある意味、こなれて来てしまう面があります。ですから新味を持って演じるように意識しています。

――太一郎さんが、小学生の頃、授業で狂言は扱われましたか？

小中学校のとき、自分が受けた授業では「附子」も「柿山伏」も出てきませんでしたね。

――扱われていたら、その単元の間は、授業中、呑気に過ごせていたでしょうね。

試験はバッチリというわけには、いかなかったと思いますが（笑）。

――太一郎さんは、この演目を演じるとき、どのようなことを意識していますか？

省かれることも多いのですが、「柿山伏」では、最初に「次第」という登場の際の自己紹介のような謡がございます。そして、ここから続く名宣《なのり》、道行《みちゆき》までが、かろうじて山伏が格好を付けることので

きる場面になっているんですね。山伏が最初は、格好を付けて威張っているのに、柿主にやりこめられてしまうという風に、落差が生まれます。最初がどれだけ強く、偉そうに演じられるかという部分に力を入れています。そして、そこが私にとって面白いところです。本式でやれば、次第には囃子も入る。山伏というものが、狂言の歴史の中で、どういう風に描かれてきたかということに、思いを巡らせつつ演じています。

――動物の鳴き声がいろいろ出て来ますが、犬の鳴き声が「びょう」というのは現代語とは随分違いますね。この点に、何か違和感を覚えたようなことはありますか？

犬が「びょう」と鳴く場面は、「盆山《ぼんさん》」という狂言にも出てくるのですが、幼少期はもしかすると、それが犬の鳴き声の表現とは捉えられていなかったかも知れませんね。でも、「びょうびょう」という鳴き声は、こうした演目の中で、耳なじんだものとして、自然と音として、自分の中に入ってきましたね。

――太一郎さんは、普段、犬が「びょうびょう」と鳴いているな、と思うことはありますか？

ないですね（笑）。犬は「わんわん」と鳴きますね（笑）。

――狂言では、動物がいろいろ登場しますが、「柿山伏」に登場する犬、猿、鳶以外には、どんな動物が登場しますか？

馬や牛なども出てきますね。他には、鶏、狐なども出てきます。それぞれ、着ぐるみを着て真似をすることもあれば、鳴き真似をすることもありますし、動きを真似ることもありますね。能には、これほど動物が出てくるということはないので、狂言の特徴の一つであり、醍醐味の一つであると言って良さそうですね。

狂言「附子」について

――「附子」の舞台を演じていて、どんなところが愉しいですか？

主な登場人物である太郎冠者と次郎冠者は、正反対の精神の持ち主とされています。積極的で、冒険心のあふれる太郎冠者に対して、次郎冠者は臆病な性格となっていますね。その正反対な性格の二人が、掛け合いの中で重なっていく。掛け合いの中で、だんだんと、階段を駆け昇るかのように、盛り上がってくる。その舞台の作り方が面白いですね。

具体的には例えば、後半になって、太郎冠者が次郎冠者をあおり、お掛物を破らせて、「良いこと召された」と、褒めておきながら、急にこれを次郎冠者がやった失態として主人に言うからな、自分は知らないぞ、と切り返すあたりの落差のある掛け合いが、演じていて面白いですね（笑）。もっとも、見に来てくださるお客様からしたら、扇を仰いでいる場面なんかが、きっと面白いのだろうとは思いますが。

――この演目では扇をさまざまに用いて演じられますね。

扇の語源は「あおぐ」というところから来ているということですが、実は我々、狂言師の間では、扇で仰ぐという動作はしてはならないこととされているのです。例えば、扇で自分のことを仰ぐですとか、そのようなことは、決してしないのです。ですから、扇に対する意識というものは、一般の人たちとは、随分違うところがあるのだろうと思います。そんな中で、扇を扇として使う演目というのは、恐らくこの「附子」だけなのではないかと思います。扇の扱い方について、我々にとっては特異な所作を求められる演目と言えそうです。

――この演目で出てくる砂糖は、固形でしょうか、砂状でしょうか、それとも液体でしょうか？

所作としては、水飴のような意識なのかも知れませんね。海外公演などでは、蜂蜜のようなものとして説明することもあったようですので。水飴を扱う場面の所作について、最初に習ったものは、扇で、ただ、すくって食べるというものでした。野村萬斎先生から教えていただいたものは少し違って、扇を入れたあとに、回して練ってから持ち上げて、食べる所作でも横に動かして水飴を食べるような所作でした。

――太一郎さんは、舞台で用いる扇をどのようなものと捉えていますか？

僕らにとっての扇は、例えばみなさんにとってのスマートフォンのような感覚で、特に何があるというわけでなくても、常に持っていないといけないもの、常に必要なもの、というような意識がありますね。扇が手元にないと、落ち着かなくて眠れないとか、そういうところまではいきませんけれど（笑）。

――「附子」も「柿山伏」も、ものを食べる場面が、演目の中で重要であるように思いますが、それぞれの演目での表現はどのように違うと思いますか？

表現というか、役柄によって心持ちが違いますね。山伏の方は、ゆっくりと、堂々と。「附子」の太郎冠者のときは、自分が悪いことをしているという自覚のもとに、だんだんと早く、夢中になって食べます。

能と狂言の舞台について

――想い出に残る舞台について教えてください。

どの演目にも、何か恐いですとか、どの部分で怒られたとか、そうした経験がともなっています。ですから、どの演目にも何か、距離感のようなものを取りながら演じているのですが、まだ父が存命だった頃、父とともに演じたことのある狂言「樋《ひ》の酒《さけ》」(「野村太一郎のオススメ!狂言十選」参照)というのが、思い返してみると、唯一、そうしたことを感じたことのない演目でした。私は確か、小学校四年生くらいの頃だったと思いますが、それでいて、主人の役でしたので、どういうわけか無理に出たんだと思いますが、自然と打ち解けることができたというか、舞台の上で父とわかり合えた、打ち解けることのできた舞台だったんじゃないかなと思います。あとは「白雪姫」という父の創作した作品で、鏡の精という役を演じたのですが、あれはやっていて、純粋に愉しかったです。あとは、二十歳のときに観世会初会で、能「翁《おきな》」の「三番叟《さんばそう》」をやらせていただくことになりまして、これは本当に名誉なことでしたので、一層力を入れて自主稽古をしていました。このころから自分自身で見直して、分析して、気づいていくということを増やして行くようになりました。

――風邪とか花粉症とかで、苦しいときも舞台に臨まなければならないということが時折あると思いますが、何か対処方法のようなものはありますか？

気合いですね。小さい頃、りんご病にかかっていたときにも、舞台は舞台ですからということで、舞台に上がっていました。特に病気にかかっているからといって、大目に見てもらうというようなこともありませんでした。

――「失敗したな」と思った舞台は？

本当に失敗したなと、思ったのは「那須与市語《なすのよいちのかたり》」という演目を初めて演じたときのことです。これは『平家物語』巻十一「那須与一」という章段で知られる、屋島の戦いでの一幕を取り上げた作品です。特に初めて演じることを「披《ひら》キ」と言うのですが、狂言師にとっての登竜門とでも言いますか、重要な演目の一つとなっています。

演じたのは、忘れもしない十七歳の頃でした。この時期までの変声期の頃の稽古で、私は無理をしてでも声を出させられる指導を受けていました。「声が出ないのなら、飴を舐めろ」とか、理不尽な檄《げき》が飛ぶこともしばしばでした。これに対して、私は思春期ならでは、反抗心のようなものを抱いていて、「間違えずに上手に演じて、見返してやろう」という想いを抱いていました。そんな意識がまた、今振り返ってみれば、上達を促したので、良かったとは思うのですけれど、ともあれ、「那須与市語」も、そんな反骨精神を胸に、自分としてはかなり力を入れて稽古をしたのです。

『狂言記』国立国会図書館蔵

ところがです。本番でのこと。肩衣《かたぎぬ》を片側だけ脱ぐ場面があって、扇をたたくときは右側を脱いで、弓を射るときだけ左側を脱ぐんですが、それを私は、どちらも脱がずに忘れてしまったんです。一番の見せ場ですから、写真にも残されるわけですが、肩衣を全く脱がない状態で写っています。しっかりと証拠が残ってしまいましたね（笑）。脱ぐべきタイミングで脱ぎ忘れてしまったということに、演じている途中で気がついていたのですが、取り返すこともできず、稽古のときにはミスをしたことがなかったこともあって、余計にどうしようかと、戸惑いました。このときの舞台は、お祝いの公演でもあったので、失敗をしてその席に泥を塗るようなことをしてしまったということで、申し訳なく思いました。また、自分なりにかなり稽古をしたつもりではあったのに、本番でこのような失敗をしてしまったことで、号泣しましたし、落ち込みました。

もう一つ思い出深い失敗は、これも十代半ばの頃だったと思いますが、間狂言をやったときのことです。それまで、絶句というのをしたことがなかったんですが、途中で、ある台詞がどうしても思い出せなくなって、その直前の台詞を何回もなぞってしまったということがありました。間狂言は、能の前半と後半の間をつなぐ役で、シテ方の、つまり主役の能楽師の方が、裏方で装束を着替える間、舞台の場を持たせる役割であるわけですが、その役割を果たさなければならないというプレッシャーがあり、しかもこのときは、間狂言をやったのが二、三回目ということもあって、その緊張もあいまって、パニックになってしまいました。一番最後の三行分くらいの台詞は思い出せたのですが、その前の部分が思い出せずにいました。このまま台詞を飛ばしてしまおうか、それとも思い出せるまで頑張ったら良いのか、ということでも迷いました（笑）。

失敗については、特にこの二つが印象的ですね。ただ、失敗したときの方が成長すると言いますか、反省も含め、学ぶところは大きかったです。このことから舞台について、「一層頑張らなければ」と、その後の強い意欲にもつながりました。

――舞台で失敗しないコツは？

常に「大丈夫かな」と、不安に思いながらやっている方が、間違いは少ないですね。「もしも間違って台詞を飛ばしてしまっても、大体このような言葉で対処すれば良い」と思って構えることと、「習ったことを一言一句間違えないようにやらなければ」という舞台に対する几帳面な意識の在り方、そのせめぎ合いのようなものが、自分の中では、次の台詞が出てくるかどうかという場面で大切ですね。そうしたせめぎ合いの場面は、実際には、お客さんの目には、〇・一秒くらいにしか映らないわけなんですけれども、自分の中では十秒くらいに感じられる緊張感ある体感時間の中で演じています。

――舞台では緊張しますか？

緊張するときも、もちろんありますけれど、今の自分は、基本的に緊張しないですね。逆に、緊張感がないと集中できなかったりして、よろしくないので、敢えてギリギリまで台詞を覚えないなど、自分を緊張させるような工夫をします。

――舞台で緊張をしないようにするにはどうしたら良いですか？

舞台では、たっぷり息を吸うようにということを、よく言われます。台詞をしゃべっていると、息を吐き続けているので、吸うことが疎《おろそ》かになってしまうことがあります。そうすると、緊張してしまうので、息を吸うようにと。

――能や狂言ではリハーサルを行ないますか？

行なうことが普通ですが行なわないこともあります。海外で舞台に立っていらっしゃる方々からは、しばしば驚かれるのですが、いきなり舞台に上がって、演じることがあります。

――本狂言と間狂言とで、舞台の難しさについて何か違いはありますか？

ざっくばらんに言ってしまいますが、本狂言ですと、舞台上で相手がいますので、助けてくれるんですよね。それは子供の頃であればあるほど、共演者は師匠や先輩だったりしますから。これに対して間狂言は、誰も助けてくれないんです。舞台で自分一人なので、本当に自分との闘いで、自分で自分を追い込んで舞台に臨んでいますね。

――シテ方の人たちをどのように捉えていますか？

実は自分は業界の中でも、あんまり狂言師らしくないと思っているんですよね（笑）。むしろ、シテ方の人たちの生き様とか、精神に、本当に共感しているんです。自分には、家族ぐるみ故の、親族への甘えというようなものは一切なかったんです。父も、萬斎先生も、血族ではありますが、飽くまでも先生ですから、甘えのようなものは許されませんし。それぞれ一人で、舞台に臨んでいる一匹狼としてのシテ方の人たちの生き方に、近しいものを感じるんです。一匹狼なんですね、私も。

――狂言と能については、どのように捉えていますか？

私としては、能と狂言の二つを別々のものとしてでなく、その二つが共存した形が本来の形であるわ

釣針

けですので、この二つを「能楽」という一体のものとして、世の人に受け止めてもらえたらと思っていますね。

――海外での公演が多いようですが、観客の反応はどうですか？

率直な感想として、海外の方が、目の肥えた方が多くいらっしゃるなと感じています。どうも予習もしてきてくださっているようなのですが、字幕があっても字幕を見ることなく、舞台の演技や、声に注目してくれていて、素直に舞台の空気を受け取ってくれているように思います。

狂言師としてのあゆみを振り返る

――三歳で舞台を踏んでいるわけですが、当時のことは覚えていますか？

基本的にあまり覚えてはいないのですが、舞台がいやだったという印象は覚えています。例えば、幼稚園のお遊戯会のように、自発的にやりたくてやっているわけではなかったですし、叱られることも多くありますから。

また、この頃に演じた「靭猿《うつぼざる》」で「きゃあ、きゃあ、きゃあ」という台詞を言いながら、橋掛りのところを走る場面については断片的に覚えていますね。不思議なことに、そんな断片的な記憶を思い出したのは、「釣狐《つりぎつね》」をやったときなんですね。「釣狐」でも同じように橋掛りを走る場面があるんですよね。「何か、覚えているな、この景色」と、このとき、記憶がフラッシュバックしてきました。狂言師になる上での学びは「靭猿」の猿に始まり、「釣狐」の狐に終わると言われているわけですが、こういうことなのかなと思いましたね。

――お稽古はどんな形で？　どのように感じていましたか？

お稽古はあまり好きではなかったですね。愉しいこともあるにはありましたが、やはり叱られることも多かったですから。お稽古では基本的に三回のうちに、師匠の口頭での言葉を耳で聞いて覚えなければなりません。はじめは特に、文字を見ずに舞台の台詞を覚えさせることを重視していました。「奈須与市語」をやった頃までそうでした。台本は、舞台が一通り終わったあとで渡されたのです。

――台詞は耳で聞いて覚えて、台本はあとで渡されたとのことですが、口頭での言葉では意味がわからなかったけれど、文字で見てやっと意味がわかったという場面もありましたか？

あります。たくさんあります。例えばですけれど「見給《みたま》ひける」（ご覧になる）という言葉は、幼い頃、よくわからなかったので、「マイケル」で覚えていましたね（笑）。「マイケル」さんが来たら、次はこの台詞だな、というような具合で（笑）。

――お稽古の中で、一番つらいなと思ったのは、どんなことですか？

稽古は本当に厳しかったですね。稽古は基本的に毎日していましたが、親族として甘えさせてもらったことというのは、ほぼないのです。小学校の頃などは、稽古で覚えられなくて、叱られることもしばしばでした。当時は、恐らく自主的に稽古をしたいと思えたことはなかったのではないかと思います。ただ、十四歳の頃に、父が亡くなりまして、稽古に対する意識も変わりました。何か「やらされている」という感覚も、そこからなくなったように思います。先輩方に追いつけるとは思わないまでも、張り合えるくらいにはなりたいと思うようになりましたね。

稽古で、取り分けつらかったのは、さきほども少し話に出ましたが、変声期の頃の稽古ですね。狂言師は、子役の子方として演じる時期が過ぎると、声も悪いし、見た目も悪いということで、舞台に出してもらえない時期が続きます。これを業界用語で「チュウドモ」の期間というのですが、それこそ「柿山伏」などの大人になってから演じるべきとされる演目を、思春期を過ぎて、大人として演じられる時期に入るまで、稽古しかできないのです。しかも、声が出ない時期ですから、本当に苦しく、稽古の中で、本当に血が出るまで声を出していたこともありました。稽古中は、その血が他の人に見えないように隠したりしていました。病院にも行きましたが、ポリープができかけたこともありました。ですから、本当にこの時期はつらかったですね。稽古も嫌いになりました。でも、こうした稽古に対して、口答えということはしませんでした。また、稽古から逃げ出すということもしませんでした。これらは、自分が「負ける」ことだと思っていました。そして、負けたくはない、という一心で続けましたね。

――他の家庭と違う、と感じた部分は？　またどう感じていましたか？

これは母のお陰だろうと思うのですが、基本的に普段は他の家庭と同じような感じで育ててもらいました。ですが、稽古というのがあるので、この点は大きく違いますし、それによって、さまざまな面で違いというものは感じていましたね。

――狂言以外には、何か習ったりしていましたか？

体操教室ですとか、絵の教室とかには通っていましたね。かといって、それが今、自分の特技になっているかというと、全然なっていないのですが（笑）。中学校と高校の頃は、テニス部に所属していました。部活との両立もしていました。

――大学に進学した頃の生活はどうでしたか？

高校時代、自分自身では、大学へ行く必要はないと考えていました。もっぱら狂言師として生きて行けば良いと。けれども、周囲からは、大学へ行くべきだということを言われました。二十歳までは、なかなか舞台にも上がれないことだし、色んな人と接するという意味でも、それには価値があると。そして、今から振り返ってみれば、確かになと思います。

大学では狂言師として歩む上で、有益な授業を履修するようにしていました。大学では四クラスがあったのですが、幸運なことに、自分たちのクラスだけ、舞台公演の入ることの多い、土曜日に必修の授業がなかったのです。これは奇跡だと思いましたね（笑）。また、火曜日が稽古日だったのですが、午前中に稽古があって、授業は午後の一番最初から二コマありました。大学への移動時間の問題もあって、午後の最初の授業は、必ず遅刻してしまっていましたね（笑）。

亡き父、八世野村万蔵と幼き日の野村太一郎

プライベートについて

——好きな食べ物は何ですか？

イタリアンとかですかね。ハンバーグも好きです（笑）。お酒はワインとかが好きですね。

——普段、日常での些細な習慣について、一般の人たちとは違うだろうなと思う事柄などはありますか？

一般の人は、スカートやズボンを履くときに、どちらの足から履くかを意識することは、あまりないでしょうし、これについて、一般には、正解、不正解ということがないわけではありますが、私たち、狂言師は袴《はかま》を穿く際に、必ず左の足から穿きます。また、舞台上で歩き始める足も、まずは左足から進みます。そんなわけで、左側ということが、大切になっているように思われますね。そんなわけで、私の場合は、私服に着替える際、ズボンを履くときにも、自然と左足から穿く癖が付いていていますし、階段を上るにしても、何か歩き始める場面でも、必ず左から踏み出すような癖が付いています。

――休日はどんな風に過ごしていますか？

温泉に行ったりもしますし、あるいは、海外に行くこともありますね。休みのときくらいは、現実から、また狂言から、離れたいというような思いがあるんだろうと思います。自宅にいることも好きなので、自宅でのんびりＤＶＤなどをあれこれ見ることもありますが、敢えて、狂言とは関係のないものを見ますね（笑）。

父　故・八世・野村万蔵先生とのこと

――日常生活で、印象に残っていることは？

釣りをしに行ったことと、キャッチボールしたことが、良い想い出としてよく覚えていますね。ただ、優しい反面、礼儀作法とかには、すごく厳しかったです。箸の持ち方が悪いというようなことでも、叱られたことがあります。ですから、恐いな、とは思っていました。

父は、私について「別にお前がずっと狂言をやらなくても構わない」というようなことを言っていました。「お前がやらなくても、他の誰かがやる」と。周りの人たちにも、そんなことを言っていたようです。でも、あるとき、十三歳くらいの頃だったと思いますが「まあ、本当はお前もやってくれたら、うれしいけどな」と、一言、ボソッと言ったことがあったのです。亡くなる前の時期のことで、それが印象的で覚えています。それで自分も、やりたいと思うようにもなりました。今思えば恐らく、父としては、私にやってもらいたいという思いがある一方で、やらせるのが申し訳ないという気持ちが常にあったんだろうなと。父が亡くなる前に、病院へ訪れることができたのは、一度きりのことでした。次に病院を訪れたときには、もう亡くなっていました。一度だけのお見舞いの折には、母と訪れました。病室で、家族三人になって、学校の部活でのテニスの試合の結果を「すごいじゃないか」と、褒めてもらったりしましたね。

――舞台で共演して感じたこと、印象に残っていることは？

共演自体が少なかったですけれど、さきほど想い出に残る舞台としてお話した「樋の酒」のときのことが、やはり一番印象に残っていますね。

――どのような教えを受けましたか？

あまり、父から指導を受けたことは多くなかったのですが「大きくゆっくり舞台で息を吸うんだぞ」と。そして、「姿勢を正して、遠くを見ているんだぞ」という指導は受けました。小さい頃は、下を向いてしまう癖があったので。自信を持って舞台に臨むようにと。そういう心構えのようなものは学びました。指導としても、今から思うと優しいなと。

また、直接、自分が言われたことではないのですが、父がお弟子さんを指導していたときに、お前も見ていろと言われて、お稽古を見ていて「目に見えるところばかりでなく、目に見えないところにも意識を向けろ」と言っていたのは、印象に残っていますね。

あとは「人間が悪い人間は、舞台に立ってはいけない」というのが私の曾祖父に当たる六世・野村万蔵の教えであったという話を、父から聞きました。父の舞台は、大らかなものでしたが、あれは父の豊かで大らかな人柄から来るものでしょうし、自分もその点は、見習いたいなと思っていますし、超えて行かなければな、とも思っています。

ご親族の名人たちについて

――大叔父　二世・野村万作先生とのこと

現在、万作の会に所属させていただいて、先生とご一緒させていただく機会も増えたわけですけれども、六世・野村万蔵の言っていたという「人間が悪い人間は、舞台に立ってはいけない」という言葉にまさに適う、大変に人格的な方だなと思っています。

――大叔父　故・野村幻雪先生とのこと

シテ方の先生なので、それほどお話しする機会があるわけでもなかったのですが、先生の会での能

舞台での親子

「安宅《あたか》」で、間狂言として「強力《ごうりき》」という役を初めて演じさせていただきました。また、「三番叟」を私が二度目にやらせていただいたのも、先生の会でのことでした。それは名誉なことですし、うれしかったですね。狂言の家から出て、シテ方として挑戦して行かれたということで、その志の高さに感服しています。あとは、先生からは「楽屋は学屋」という言葉を、箸置きの裏に書いて渡されたことがありましたね。座右の銘ということなのかも知れませんが、楽屋は楽しむところでなく学ぶ場であると。その通りだなと。

──従叔父　二世・野村萬斎先生とのこと

先生は、今の私の師匠に当たるわけですけれども、芸について自分の足りなかった部分を指摘していただいております。幼い頃のお稽古では十回のうち八回は座って台詞を学び、残りの二回は立って舞台の動きをやるということになっていました。シテ方の宝生《ほうしょう》流でもそのような形を採っています。型についても、腕は肩から生えているのではなく、腰から生えているのだとか、そうした舞台での意識の持ち方も教えていただきました。これは非常に古風なスタイルで、くみ取り切れていないところがありました。それに対して、野村萬斎先生のお稽古では、自分に指導していただくときも、非常にわかりやすい例えで、話をしてくださいますし、そのわかりやすさ故に、これまで気づいていなかったことに、いろいろと気づかされましたし、新しいことをたくさん知ることができました。もっと学びたいなという風に思いますすね。また、先生は、海外ですとか、現代のさまざまなメディアで活躍しておられるので、自分もそうした点で、憧れがありますね。

――曾祖父　故・六世・野村万蔵先生のこと

直接は、会えていないのですけれど、お酒をたくさん飲まれたという話はうかがっています。あとは著作物とか、市販されている舞台の映像でしか、存じ上げません。でも、男らしい格好良さのようなものを感じますね。曾祖父は狂言師というだけでなく、面を打つこともしていたので、亡父とも親しかったようですが、私自身も非常に親近感を覚えています。六世の彫った面《おもて》で「釣狐」の舞台に上ることができたのですが、これも感慨深かったですし、何か護られているような感じもしましたね。

今後、挑戦してみたいこと

亡父・八世・野村万蔵がやってきたことを、特に形を変えることなく、そのままの形で、自分の手で再現してみたいという思いがありますね。それが、十四歳の頃に亡くなった父への供養でもありますし、そうした企画によって、父はどういうことを考えていたのかということを探ってみたいとも思っています。それは、能や狂言ということに限らずです。また、父は海外での活動を積極的に行なっていましたが、こうしたことも今後、ぜひ私もやってみたいと思っていますね。

三番叟

あとがき

思えば、野村太一郎君との付き合いも長くなったものである。私が彼と出会ったのは二〇一一年のことだった。当時、彼は青山学院大学日本文学科の三年生で、私は大学院博士課程の学生だった。彼はこの年、佐伯真一先生の『平家物語』の演習授業を取っていて、私はその授業の手伝いをしていたのだった。太一郎君の方としては、私のことを、何か、おちゃらけた感じの「アホな先輩」と捉えていたようだけれど（現在も然り）、私の方としては、飽くまでも二十名いた受講生の一人として彼と接していたし、この年は特に何か親しく深い話をするということもなかった。

そんな太一郎君と、個人的に話をするようになったきっかけは、その翌年の九月二十六日、佐伯ゼミで行なわれた卒業論文中間発表会のあとの懇親会でのことだった。たまたま席が近かったこと、それから、多少、酒が入っていたこともあってか、舞台について話題が及んだのである。私は今も当時も、大のオペラ・ファンである。私は当時からマリア・カラス、ジュリエッタ・シミオナート、フランコ・コレッリ、エットレ・バスティアニーニといった偉大な歌手たちの活躍していた一九五〇年代前後のイタリア・オペラの録音を聞きあさって、心酔していたし、舞台に足を運ぶこと自体は大好きだった。私の方は、飽くまでも鑑賞する側という立場での物の捉え方や物言いに過ぎなかったし、飽くまでも私の関心はオペラの舞台にこそあったわけだが、それでも、舞台をめぐる問答には、それぞれの舞台に対する情熱が宿っていて、実に心地良かった。また、特に舞台での表現について、「最も重要なのは、そこに〈魂〉が宿っているかどうかではないか」との僭越な自身の言葉に、当時の彼が深く共感してくれていたことが、私はうれしかった。その後は、彼が大学を卒業した年にも当たる二〇一三年、十一月二十四日には大曲「釣狐」の披《ひら》きの舞台が国立能楽堂で執り行われ、私もそれを拝見するなどした他、気軽な酒呑み仲間として、しばしば渋谷界隈で会っては飲み明かし、共に千鳥足で彷徨するようにもなった。そうして呑みながら、色んなことを話すうちに、思いがけず境遇が近しい面のあることにも気がついてきた。そんなことから、いつしか、思わずいろいろな場面で、彼に協力するようにもなったのだった。

そんな関係性を太一郎君と築いていた一方で、私は大学院での学業を続けつつ、高等学校で非常勤講師として勤務することもしていた。それぞれ、国語科を担当し、特に古文を指導することもあった。だが、教室で対峙していた生徒たちのほとんどは、別段、古文に興味があるわけでもなく、卒業、ないし受験に向けて必要があって、自分の授業を受けているに過ぎず、無味乾燥な古典文法の暗記を、試験で点数を取るために、いやいやこなしているに過ぎないのだった。そして、そんな教育現場でのもどかしい体験をもとに、そのせめてもの罪滅ぼしのために企画されたのが、本書なのであった。教室での授業や受験勉強の指導などでは、伝え切れなかった古文の魅力や面白さを広く紹介したかったのである。その上で、現代においてなお生きた古文として伝存している狂言は格好の題材であった。従来、狂言はわかりやすい内容の古典劇という位置づけをされることが多かった。しかし、皮肉なことに、そのせいで現代語訳が作られた例が少ない状況にある。右のような教育現場での体験や、昨今の日本の教育界における古文や漢文に対する冷遇の動きを踏まえるならば、今こそ、それは必要なものであるとも思ったのだった。そして、こうした発信を広く世間に向けて行うことには、一定の価値と意義があろうと。こうした私の考えや想いに、太一郎君もまた理解と共感とを示してくれたし、この本の企画の打診も即座に快諾してくれた。彼自身も、能や狂言にあまり関心のない人たちにどのような形で発信して良いか、模索しているところだったのである。せっかくだから、色んなことをざっくばらんに話し合える、今の二人の関係性ならではの本を執筆してみようと、そんな話になったのである。そして実際、そのような内容の本に仕上がってくれたように思っている。企画してから、五年近くの歳月が経過してはしまったけれど…。

本書に載せた「狂言鑑賞事始め」と、「野村太一郎に聞く」の一部については、日本学術振興会・頭脳循環を加速する戦略的国際研究ネットワーク推進プログラム「室町後期から江戸期の絵写本・版本研究を通じた日本学研究と西欧とのネットワーク構築」（研究期間：二〇一七年十月～二〇二〇年三月）

により、私が欧州に派遣されていた際に企画し、ハイデルベルク大学（二〇一九年五月十五日）、ストラスブール大学（同年五月十六日）、欧州評議会（同年五月十六日）で開催を実現した太一郎君との狂言のワークショップに基づいたものである。この際、お世話になったハイデルベルク大学のメラニー・トレーデ先生とユディット・アロカイ先生、ストラスブール大学のエヴェリン・オドリ先生、黒田昭信先生に深く感謝する。また、当該プログラムの研究代表である名古屋大学の近本謙介先生と、椙山女学園大学の伊藤信博先生にも深謝申し上げたい。加えて、二〇二一年には、所属する順天堂大学にて、スポーツ健康科学部共同研究「現行の和泉流狂言の詞章と所作に関する研究」を取得し、これにより、同年十二月四日に、本書に掲載する写真の撮影会を兼ねた舞台公演を行なうことができた。共同研究者の中村恭子先生、撮影にご協力くださった万作の会の出演者の皆様、そして前島写真店にも、御礼を申し上げたい。また、聖心女子学院中等科・高等科教諭の三森高貴先生には、刊行前に原稿をご覧いただき、さまざまにご助言を賜った。（株）勉誠社、吉田祐輔氏と、武内可夏子氏、ならびに元担当の大橋裕和氏と岡田林太郎氏は、本企画にご理解を示してくださり、さまざまにお力添えをくださった。また、執筆の大半は、ストラスブール滞在中に行なわれたが、参考文献の閲覧は、ストラスブール大学、ハイデルベルク大学の他、チューリッヒ大学日本学科にも随分お世話になった。協力者各位に対して、ここに深く御礼申し上げる。

そして最後に大切な人を、もうお一方。二〇二一年度をもって青山学院大学を退職される佐伯真一先生に対して、この場をもって、その学恩に心より感謝申し上げる。

二〇二一年十二月吉日

杉山和也

【写真情報】

＊本書に収録した「柿山伏」・「附子」の舞台写真は以下のワークショップにおいて撮影されたものである。

狂言ワークショップ「野村太一郎の狂言入門」

開催日：二〇二一年十二月四日（土）十四時～十六時

会場：銕仙会能楽研修所

演目：狂言「柿山伏」、狂言「附子」

撮影：前島写真店

出演者：【狂言「柿山伏」】山伏：野村太一郎、畑主：内藤連、後見：飯田豪

【狂言「附子」】太郎冠者：野村太一郎、次郎冠者：野村裕基、主：月崎晴夫、後見：岡聡史

＊クレジットを明記していない舞台写真の撮影は、すべて前島写真店によるものである。

著者略歴

野村 太一郎（のむら・たいちろう）

狂言師。1990年東京生まれ。加賀前田藩お抱えの狂言方、野村万蔵家の直系長男として生まれる。

父は故・五世野村万之丞（八世野村万蔵）、祖父は初世野村萬（人間国宝）。大叔父に二世野村万作（人間国宝）と、故・野村幻雪（人間国宝）を持つ。

1993年第4回槌の会「靭猿」にて子猿役で初舞台を踏み、1995年万蔵家継承記念会「伊呂波」太郎冠者役にて初シテ（主役）を勤める。2015年4月には能楽公演のグループ「MUGEN∞能」を京都・福岡・東京にて主催するなど、積極的な活躍が著しい。

2022年能 狂言『鬼滅の刃』では「嘴平伊之助」役を務め話題となった。

次代を担う若手狂言師として、現代に合った枠にとらわれない表現方法で狂言の魅力を広く伝えている。

現在は二世野村萬斎に師事。公益社団法人能楽協会会員、青山学院大学非常勤講師も務める。

杉 山 和 也（すぎやま・かずや）

順天堂大学スポーツ健康科学部スポーツ健康科学科助教。青山学院大学文学部日本文学科非常勤講師。専門は説話。

著書に『南方熊楠と説話学（ブックレット〈書物をひらく 9〉）』（平凡社、2017年）。共著に『熊楠と猫』（共和国、2018年）などがある。

野《の》村《むら》太《た》一《いち》郎《ろう》の狂《きょう》言《げん》入《にゅう》門《もん》

著　者　野村太一郎
　　　　杉山和也

発行者　吉田祐輔

発行所　㈱勉誠社
〒101-0061 東京都千代田区神田三崎町二－一八－四
電話　〇三－五二一五－九〇二一㈹

二〇二三年七月二十日　初版発行

印刷
製本　三美印刷㈱

ISBN978-4-585-37005-5　C0074

宗教芸能としての能楽

能作品や能楽論の中の仏教や神祇に関わる面を掘り下げることで、宗教芸能としての能楽について考えるとともに、能を通して、室町の宗教文化の一端を明らかにする。

高橋悠介 編・本体三〇〇〇円（＋税）

能面を科学する
世界の仮面と演劇

木彫りの面が、なぜかくも多彩な表情を見せるのか――能面の表情を科学的に追求。材質研究、放射光X線などの技術を駆使、能面の内側まで見つめる画期的成果。

神戸女子大学古典芸能研究センター 編・本体四二〇〇円（＋税）

狂言絵 彩色やまと絵

江戸前期における狂言の実態を視覚化した貴重な資料。濃彩色で描かれた六〇図全編をフルカラーで影印。同書の位置付けを示す解題ならびに各曲解説を附した。

国文学研究資料館 編・小林健二 解説・本体一三〇〇〇円（＋税）

訓蒙図彙
江戸のイラスト辞典

江戸時代に作られたわが国最初の絵入り百科辞典、解説もあらたに復刊！ 約八千の語彙と約千五百点の図を収録、日本語・日本文学、風俗史、博物学史の有力資料。

小林祥次郎 編・本体一五〇〇〇円（＋税）

フルカラー◉見る・知る・読む
源氏物語

絵巻・豆本・絵入本などの貴重な資料から見る『源氏物語』の多彩な世界。物語の構成・概要・あらすじ・登場人物系図なども充実。この一冊で『源氏物語』が分かる！

中野幸一 著・本体二二〇〇円（＋税）

深掘り！紫式部と源氏物語

系図や記録類、交友関係などを参考にして、紫式部の生涯と人間像を解明する。『源氏物語』を読む上で、知っておくとより物語が楽しめる、10のエッセンスも紹介

中野幸一 著・本体二四〇〇円（＋税）

もう一度読みたい日本の古典文学

小・中学校・高校教科書に掲載される日本古典文学作品の、新しい読み方・楽しみ方、知っているとより作品が楽しめる豆知識などを多数の図版とともに解説。

三宅晶子 編・本体二四〇〇円（＋税）

知っておきたい日本の漢詩
偉人たちの詩と心

各時代の偉人が残してきた作品を、易しく丁寧な解説とともに読み解き、そこにあらわされた日本人の心を見つめ直す。漢詩の楽しさ・奥深さを知るための絶好の入門書。

宇野直人 著・本体三八〇〇円（＋税）

夢の日本史

日本人と夢との関わり、夢を語り合う社会のあり方を、さまざまな文書や記録、物語や絵画などの記事に探り、もう一つの日本史を描き出す。

酒井紀美 著・本体二八〇〇円（+税）

鷹狩の日本史

権力と深く結びつきながら連綿と続けられてきた鷹狩。日本史を貫く重要な要素でありながら、等閑視されてきたその歴史を紐解き、新たな知の沃野を拓く刺激的な一冊。

福田千鶴・武井弘一 編・本体三八〇〇円（+税）

紙の日本史
古典と絵巻物が伝える文化遺産

長年の現場での知見を活かし、さまざまな古典作品や絵巻物をひもときながら、文化の源泉としての紙の実像、そして、それに向き合ってきた人びとの営みを探る。

池田寿 著・本体二四〇〇円（+税）

図書館の日本史

図書館はどのように誕生したのか？　寄贈・貸出・閲覧はいつから行われていたのか？　古代から現代まで、日本の図書館の歴史をやさしく読み解く、初めての概説書！

新藤透 著・本体三六〇〇円（+税）